« Ça reste entre nous, hein ? »

DES MÊMES AUTEURS

Nathalie Schuck

Coups pour coups. Les petits secrets et grandes manœuvres du duel Hollande-Sarkozy, avec Nicolas Barotte, Éditions du Moment, 2012.

Frédéric Gerschel

Jacques Chirac, une vie, Michel Lafon, 2003.
Canal Sarkozy. Le président et la télé, deux ans d'histoires secrètes, avec Renaud Saint-Cricq, Flammarion, 2009.

Nathalie Schuck & Frédéric Gerschel

« Ça reste entre nous, hein ? »

Deux ans de confidences de Nicolas Sarkozy

Flammarion

Ouvrage publié sous la direction de Laurent Léger

ISBN : 978-2-0813-1451-1

Pour Victor, Lisa et Céleste

Pour Alexandre

Prologue

« Ça reste entre nous, hein ? »

« Ça reste entre nous, hein ? »

Cette phrase, combien de fois l'avons-nous entendue pendant deux ans et demi… Comme un gimmick qui ponctuait chacun de nos rendez-vous avec Nicolas Sarkozy.

Pendant sa vraie-fausse retraite de trente mois, nous avons rencontré l'ancien président à plusieurs reprises – lui dit : *« un milliard de fois »* –, jamais moins de deux heures, le plus souvent en tête à tête, la plupart du temps à son bureau de la rue de Miromesnil, celui que la République lui a octroyé [1].

À des moments charnières, en plein scandale sur la vie privée de son successeur François Hollande, durant l'affaire des écoutes, à l'aube de son retour, il a chroniqué devant nous le journal de ce début de quinquennat. Qui voit-il, que dit-il, quelle stratégie élabore-t-il lors de ses rendez-vous secrets ? Quel

1. L'État met à disposition des anciens présidents de la République des locaux, des officiers de sécurité et une équipe de collaborateurs.

regard acerbe jette-t-il sur sa famille politique, sur Manuel Valls, Ségolène Royal ou Marine Le Pen ? Que s'est-il donc passé entre lui et Hollande à Soweto, lors des obsèques de Nelson Mandela, pour qu'il répète, l'air entendu, qu'il a ce jour-là « *rendu service* » à son rival ?

Ce livre dévoile un Sarkozy brut de décoffrage, sans le filtre de la communication que les Français détectent et abhorrent.

Lors de notre dernière entrevue, en septembre 2014, il fronçait les sourcils et s'agaçait à haute voix de la rentrée catastrophique de son successeur. « *Il ne fait plus rien voter ! Il est trop faible ! Pourquoi la situation est-elle dangereuse ? Parce qu'en France, quand le président est faible, c'est un problème.* » Il osait même la comparaison : « *Moi, il y a plein de gens qui ne m'aimaient pas. Mais on n'a jamais dit que j'étais faible. Il ne contrôle plus rien* [1]*…* »

Devant nous, il a laissé déborder ses colères, fulminant face aux affaires judiciaires qui menacent son retour. Il a dévoilé ses sentiments, nous a raconté sa nouvelle vie de pater familias avec Carla et sa petite Giulia, de conférencier de luxe, à l'évidence trop étroite pour lui. Il a avoué sa stupéfaction, tout en laissant libre cours à sa jubilation, face à la descente aux enfers de François Hollande, dont la chute dans les sondages semblait ne plus pouvoir s'arrêter…

1. Rencontre avec les auteurs, 9 septembre 2014.

Devant nous, Nicolas Sarkozy a accusé son successeur de mettre la France à genoux. Il s'est délecté, rencontre après rencontre, de ce qu'il estime être un formidable pied de nez à l'Histoire, le fait qu'on reproche aujourd'hui à son rival socialiste ce dont on l'accusait lui-même hier : l'étalage de la vie privée sur la place publique, la désacralisation de la fonction présidentielle, la montée des tensions dans le pays. « *J'aurais fait ça, on m'aurait traité d'Hitler* », tempête-t-il, un goût de revanche sur les lèvres.

Lui qui fut jugé inculte parce qu'il critiquait *La Princesse de Clèves* soupire à l'idée que le livre préféré de son successeur soit *Le Petit Prince* de Saint-Exupéry. « *Il ne lit jamais un livre, jamais !* » assène-t-il. Dans un souci d'équilibre, nous avons tenu à recueillir la version de François Hollande, rencontré plusieurs fois dans le cadre de nos activités journalistiques, afin qu'il puisse livrer sa vérité. Le chef de l'État est encore son meilleur avocat. Entre eux, le combat n'a pas cessé au soir du 6 mai 2012, au contraire. Un petit kilomètre sépare la rue de Miromesnil du palais de l'Élysée. Les deux hommes s'observent, s'épient, se tiennent informés des moindres déplacements de l'autre, publics comme privés. Comme l'a confié un jour Valérie Trierweiler à l'un des auteurs, « *ce sont deux grands fauves qui se reniflent* ».

« *Moi, je n'ai jamais eu de sang sur les mains* »

Nous n'avons pas cherché à exercer de parti pris. Nous avons, comme on dit dans le jargon, vidé les carnets : le « off » des conversations entre hommes politiques et journalistes, cette zone grise, mi-proscrite, mi-autorisée, à manier avec précaution, n'est plus fait pour briller dans les dîners en ville. Le lecteur, au fil des pages, se fera sa propre opinion.

L'ancien président apparaît tour à tour fanfaron et revanchard, ne reculant pas devant petites approximations et gros mensonges. Mais infiniment inquiet aussi de la situation gravissime du pays, qu'il pense prérévolutionnaire, taraudé de le voir s'enfoncer dans la crise économique et mû par la conviction intime qu'il peut en être le sauveur. « *On ne change pas les rayures du zèbre, mais on s'améliore* », dit-il.

Depuis mai 2012, il n'a au fond jamais vraiment décroché, cent jours tout au plus, histoire de se régénérer et de digérer sa défaite. Dans ce quinquennat qui prend l'eau, il s'est vite dit que tout était possible, une révolte populaire, une dissolution, voire un départ précipité de François Hollande. Il imagine souvent une explosion sociale, avec son cortège de morts et de blessés, qui verrait les Français descendre en masse dans la rue pour réclamer la tête du président socialiste. Il a même cette phrase terrible, en privé : « *Moi, je n'ai jamais eu de sang sur les mains.* » Comprendre : Hollande n'aura peut-être pas cette chance…

Fantasmes ? C'est en tout cas l'une des raisons qui l'ont conduit, avec le départ précipité de Jean-François Copé de l'UMP et ce qu'il vit comme un harcèlement judiciaire, à accélérer son retour, qu'il envisageait pour 2015. En passant d'abord par la case du parti, ce « *ventilateur à merde* » – évidemment, ce sont ses mots – dont il ne voulait plus entendre parler, avant de changer d'avis.

Avec pour objectif l'Élysée, au printemps 2017.

Visite au « 77 »

C'est rue de Miromesnil, dans le chic VIIIe arrondissement de Paris, que Nicolas Sarkozy concocte la stratégie de son retour depuis sa défaite de 2012. Au 77, derrière une porte cochère rouge bordeaux. Au pied de ce bel immeuble haussmannien, on croise souvent quelques doux dingues qui espèrent remettre en main propre une requête à l'ex-président, d'irréductibles groupies ou des cameramen faisant le pied de grue.

Visitons ensemble sa base de repli, sa tanière. Nous sonnons à l'interphone. Au premier étage, porte droite, un vaste appartement. Véronique Waché, l'attachée de presse qui le suit depuis l'Élysée, apparaît dans l'entrebâillement. Derrière elle, un vestibule agrémenté de deux portraits pop-art de l'ancien couple présidentiel. Elle nous conduit dans le petit salon d'attente. Là encore, « Nicolas » et « Carla » sont partout en photo : courant de dos vers la grille du Coq dans le parc de la présidence, en plan serré dans un hélico... On bavarde en attendant le maître des lieux, affairé dans son antre à côté. Comme naguère lorsqu'on patientait dans le salon vert qui jouxte le bureau présidentiel à l'Élysée. Montant du loyer de ce bureau haut de gamme : 15 000 euros par mois, acquittés par l'État, toujours généreux avec ses anciens dignitaires.

La porte s'ouvre enfin. La pièce est un brin exiguë, la décoration chargée. À droite, son bureau, en bois précieux. Au sol, un moelleux tapis grisé. Devant nous, une table basse avec une énorme boîte à cigares et ses ustensiles posés sur un plateau d'argent, un capharnaüm de pièces et de médailles de collection dont ce numismate raffole. Aux murs, la photo dédicacée de Nelson Mandela qu'il avait déjà à l'Élysée, une caricature de lui par le dessinateur Olivier Ranson du *Parisien*, des photos de ses enfants. Et partout, un fatras d'objets souvenirs, dont une longue dague ottomane, comme un avertissement à l'invité…

L'ancien président, barbu et pas cravaté, nous désigne de la main de petits canapés crème · *« Entrez, faites comme chez vous. »*

Vous pensiez avoir tout entendu sur Nicolas Sarkozy ? Depuis septembre 2014, vous avez cru tout connaître de son retour en politique, avec l'Élysée en ligne de mire ? Nous avons voulu en savoir plus. Loin de nous contenter de ces rendez-vous privilégiés avec lui – ce serait trop facile –, nous avons débriefé patiemment les amis, les élus qui défilent dans son bureau. Qu'ils soient remerciés de leur confiance.

Que François Fillon, Laurent Wauquiez ou Jean-François Copé, entre autres victimes de ses énervements passagers, nous excusent des horreurs que nous rapportons à leur sujet… Devant eux et les autres, l'ex-président se montre bien plus cash, dévoilant clairement son jeu et sa stratégie, faisant parfois « *du gros rouge qui tache* », comme il dit. Leur récit est complémentaire des confidences que nous avons recueillies.

Voici la chronique, vue des coulisses, d'une renaissance politique.

Chapitre I

Passage de témoin avec « le Pingouin »

« *Hollande, vous savez comment il est.*
Très sympathique devant… »

Et si tout avait commencé ce jour-là, le 15 mai 2012, sur le perron de l'Élysée ? Dans la cour du palais, la foule des journalistes guette la sortie des deux présidents, qui sont enfermés depuis une grosse demi-heure pour le traditionnel tête-à-tête, avant la passation des pouvoirs entre l'ancien et le nouveau chef de l'État. Le temps est maussade. Il virera franchement à l'aigre dans l'après-midi et vaudra à François Hollande le sobriquet de « Rainman », l'homme sur qui il pleut tout le temps. Un hélicoptère passe et repasse au-dessus de la présidence en vrombissant, tandis qu'une petite troupe de militants UMP scande le nom de Sarkozy dans la rue du Faubourg-Saint-Honoré, en face de la lourde grille en fer du 55.

Dans le bureau du président, le salon doré, sous le lustre Napoléon III, l'ambiance est plutôt détendue entre ces deux hommes qui se connaissent depuis longtemps et, pour tout dire, s'apprécient – cela changera ! Bien sûr, la campagne présidentielle a laissé des traces. Mais au moment du passage de relais, le respect de la fonction semble l'emporter sur toute autre considération. Avec ce petit air enjoué et un brin moqueur qu'il affiche si souvent, François Hollande assure que tout s'est bien passé lors de ce rendez-vous à huis clos. Pas de scène, pas de cris, pas vraiment de reproches, alors que les deux adversaires n'ont pas retenu leurs coups, surtout dans la dernière ligne droite.

«*J'ai trouvé ça chaleureux. Pas du tout comme j'ai pu le lire ici ou là après coup. On s'est tutoyé d'emblée. Il a beaucoup parlé. Beaucoup parlé de lui, surtout, comme il le fait d'habitude. Il m'a dit à quel point cela avait été dur pour lui, à quel point cela lui avait coûté cher. Les rumeurs, les contre-vérités sur Internet, les mensonges. Dur pour Carla aussi. Il semblait réellement affecté*[1] », se souvient le président élu devant l'un des auteurs, convié à déjeuner à l'Élysée.

Puis les deux hommes entrent dans le vif des sujets. François Hollande poursuit son récit de l'entretien, qui se tient au premier étage du palais : «*Nous avons parlé des otages du Mali*[2]*. Des grands sujets internationaux du moment. Il m'a demandé, comme c'est la tradition, de conserver ou d'essayer de recaser trois de ses collaborateurs.* » Sur son « testament », Nicolas Sarkozy a en effet couché trois anciens conseillers, grands serviteurs de l'État, qu'il souhaiterait voir sauvés, comme c'est l'usage : Xavier

1. Rencontre avec l'un des auteurs, 27 mars 2013.

2. Thierry Dol, Daniel Larribe, Pierre Legrand et Marc Féret, enlevés en septembre 2010 à Arlit, au Niger, et libérés en octobre 2013 après trois ans de captivité.

Musca, l'ancien patron du Trésor devenu secrétaire général de l'Élysée après le départ de Claude Guéant, qu'il voyait déjà à la tête de la prestigieuse Caisse des dépôts ; Olivier Colom, sherpa adjoint de la cellule diplomatique ; et Guillaume Lambert, son ancien chef de cabinet à l'Élysée, devenu un peu malgré lui directeur de sa campagne en 2012, et qui se retrouvera du coup empêtré dans l'affaire Bygmalion. François Hollande enchaîne : « *Xavier Musca, je sais que c'est quelqu'un d'irréprochable, de valeur. Je connais sa réputation. Je sais que c'est un grand commis de l'État. Mais je lui ai dit que ce n'était pas possible, que la Caisse des dépôts, c'est l'instrument de la politique monétaire. Il faut une certaine proximité. On lui a fait d'autres offres. On lui a proposé Aéroports de Paris. Mais il a préféré partir dans le privé*[1]*. Il nous en a informés. Voilà.* » Quelques mois plus tard, Hollande donnera les clés de la Caisse des dépôts à son grand ami Jean-Pierre Jouyet… ancien ministre de Nicolas Sarkozy, avant de le rapatrier au printemps 2014 au poste le plus convoité de l'Élysée, celui de secrétaire général.

À écouter le président, la discussion s'achève alors sur une solide poignée de main et quelques sourires. La tradition républicaine est respectée. Du moins pour l'instant…

1. Xavier Musca a été nommé directeur général délégué du Crédit agricole.

Les meilleures amies du monde

Dans un autre salon, au rez-de-chaussée, Carla Bruni-Sarkozy et Valérie Trierweiler discutent comme les meilleures amies du monde. Après l'élection de Hollande et avant la cérémonie de passation de pouvoirs, Carla a tenté plusieurs fois de joindre la compagne du nouvel élu. En vain. C'est Valérie Trierweiler qui l'a rappelée, quelques jours plus tard, une fois digéré le choc de la victoire, dont elle a tout de suite compris qu'elle allait bouleverser sa vie. Les deux femmes ont convenu de se voir. Un passage de relais version féminine, pas prévu par le protocole. Mais qui se déroule, là encore, dans une atmosphère bon enfant.

Carla demande à la journaliste de *Paris Match* de protéger et si possible de conserver certains employés de l'Élysée, en particulier la femme de service qui s'occupe des appartements privés. Mais elle s'épanche aussi sur ses difficultés à exercer son métier de chanteuse tout en étant mariée au président. Lui explique son horreur de la politique. Elle est à deux doigts de pleurer.« *Faites attention aux faux amis, aux courtisans, aux attaques permanentes. C'est un monde cruel !* » glisse-t-elle à Valérie Trierweiler en guise d'avertissement.

Après une dernière discussion à quatre, les deux couples se retrouvent sur le perron. Patatras ! Survient l'incident tant de fois relaté : François Hollande tourne les talons, sans même raccompagner le vaincu jusqu'à sa voiture. Mais qui s'en rend vraiment compte sur le coup ? Certainement pas Nicolas Sarkozy, tout occupé à descendre le tapis rouge, la main de Carla serrée dans la sienne, et à regagner sa grosse berline Citroën bleue, en saluant le personnel de l'Élysée.

Avec le recul, l'ex-chef de l'État l'admet volontiers : « *Sur le coup, je n'ai rien vu du tout.* » Ce sont ses partisans qui l'ont prévenu ensuite par SMS. Le temps de rentrer chez lui, il revoit alors la séquence en boucle sur les chaînes d'information en continu. Jusqu'à l'écœurement. « *Il l'a fait pour que les caméras le suivent et n'enregistrent pas les applaudissements pour moi à la sortie !* » fulmine-t-il devant ses fidèles.

Et si Hollande avait réveillé la bête qui sommeillait encore en lui ? S'il avait aiguillonné involontairement l'immense susceptibilité de Sarkozy ?

« *Chasse aux sorcières* »

Quelques mois plus tard, enfoncé dans le canapé de son bureau, au 77 de la rue de Miromesnil, Nicolas Sarkozy refait le match [1] : « *Hollande, vous savez comment il est. Très sympathique devant, mais… Vous le savez bien, vous le connaissez.* » Sous-entendu, c'est le roi des hypocrites. Sarkozy reprend, avec gourmandise : « *Ça lui a nui plus qu'à moi. Il doit s'en vouloir à lui, plus que moi je ne lui en veux. Je ne m'étais pas rendu compte. C'est après*

1. Rencontre avec les auteurs, 6 janvier 2014.

que cela a fait tout un pataquès. C'est lui qui s'est mis dans la panade. Moi, j'ai tourné la page. »

Vraiment ? Signe qu'il n'a pas digéré, il ne manque jamais une occasion de vanter la belle image donnée par la démocratie américaine, qui sait rendre grâce à ceux qui ont exercé les plus hautes fonctions de l'État. Il cite toujours le même exemple, cette cérémonie organisée à Dallas le 25 avril 2013 par l'ancien président George W. Bush pour inaugurer sa bibliothèque présidentielle. Dans la salle, Barack Obama et ses trois prédécesseurs encore en vie : le propre père de Bush, le républicain George H. W. Bush, et les démocrates Bill Clinton et Jimmy Carter. Tony Blair et Silvio Berlusconi sont présents aussi, mais pas Nicolas Sarkozy. Convié, l'ancien président français n'a pas pu venir. « *Mais j'ai trouvé ça fantastique. Vous savez qui a fait le discours d'inauguration ? C'est Obama ! Ça, c'est un pays civilisé !* » De là à penser qu'il trouve Hollande un brin sectaire, il n'y a qu'un pas…

« *Le moins que l'on puisse dire, c'est que l'ouverture n'est plus au goût du jour* », se désole-t-il, estomaqué par la « *chasse aux sorcières* » lancée après son départ de l'Élysée, particulièrement au sein du GSPR (les gardes du corps du Groupement de sécurité de la présidence de la République), rapidement purgé des fonctionnaires qui avaient assuré sa protection. « *Même chez les secrétaires ! Tout le monde ! En revanche, l'avocat du président, monsieur Jean-Pierre Mignard, a été nommé au Conseil consultatif national d'éthique. Là où ses compétences sont tellement développées..* », ironise l'ancien chef de l'État.

Mais ce qui a heurté Sarkozy plus encore ce jour-là, c'est l'allocution qui a suivi sa sortie, où Hollande lui a souhaité… « bon vent » !

Dans son discours d'investiture dans la salle des fêtes de l'Élysée, le nouveau président a pris le temps d'égrener les mérites de chacun de ses illustres prédécesseurs : Charles de Gaulle, qui « *mit son prestige au service de la grandeur et de la souveraineté de la France* » ; Georges Pompidou, qui « *fit de l'impératif industriel un enjeu national* » ; Valéry Giscard d'Estaing, qui « *relança la modernisation de la société* » ; François Mitterrand, évidemment, qui « *fit tant avancer les libertés et le progrès social* » ; et Jacques Chirac, qui « *marqua son attachement aux valeurs de la République* ». Vient le tour de Nicolas Sarkozy. La droite attendait au minimum que le président élu salue sa gestion de la grande crise économique et financière de 2008. Rien du tout ! Hollande se contente froidement de lui adresser ses vœux « *pour la nouvelle vie qui s'ouvre devant lui* ». Traduction en clair : du balai !

« *Impardonnable, honteux, antirépublicain !* » tance un visiteur du soir du président sortant. C'est en songeant à cette journée particulière que Carla composera sa célèbre chanson *Le Pingouin*, dédiée aux malotrus. « *Face à la polémique, Carla a juré que c'était faux, que Hollande n'était pas visé. Mais bien évidemment qu'il s'agissait de lui* », rigole une de ses amies. Qui ajoute : « *Elle n'aime pas ses manières. Elle le trouve mal élevé, à tout point de vue.* » Fermez le ban.

Critiqué pour cette passation de pouvoirs un peu spéciale, François Hollande fait mine de s'en étonner. Il livre son explication : « *J'ai lu que je ne l'avais pas raccompagné jusqu'à sa voiture. Oui, c'est vrai, j'aurais pu le faire. Lui l'avait fait en 2007 avec Jacques Chirac. Mais là, c'était différent. Il y avait un sens, ils étaient du même camp. Et puis, avec Nicolas Sarkozy, il y avait déjà eu les célébrations du 8 mai 1945*[1]*. Cela s'était bien déroulé, dans un esprit républicain. Il avait fait ce geste que j'avais apprécié*[2]. » Sans s'autoflageller outre mesure, Hollande insiste sur le bon esprit qui a, selon lui, régné ce 15 mai 2012 : « *Sarkozy a même fait la bise à Valérie en partant. Franchement, cela m'a surpris. Je l'ai regardée un peu étonné.* »

Du coup, la religion du président est faite. Si les partisans de son prédécesseur ont instrumentalisé l'incident du perron, c'est uniquement pour mettre en scène son éventuel retour ! « *Au fond, Sarkozy a toujours besoin de se victimiser. Oui, peut-être qu'il voudra une revanche personnelle. On verra bien* », lâche-t-il en souriant. Entre eux, la guerre est déclarée !

---

1. Élu, mais pas encore en fonction, Hollande avait été invité à commémorer l'événement avec Sarkozy sur les Champs-Élysées.

2. Rencontre avec l'un des auteurs, 27 mars 2013.

Chapitre II

Putain, cinq ans !

« Ça va très mal finir… »

Quelques semaines avant le coup de massue de la défaite, Nicolas Sarkozy s'est déjà fait une idée précise de la nouvelle vie qui s'offrirait à lui en cas d'échec, loin du fracas de la politique et des médias. Tout ce temps libre, enfin… La « *dolce vita* » ! Nous sommes le 21 janvier 2012, quelques jours avant qu'il n'entre officiellement en campagne. Installé sous le cabanon en bois ambré de la résidence de France à Cayenne (Guyane) en bord de mer, au milieu des palmiers, au son du doux coassement des grenouilles, l'encore président fait mine de se rassurer devant une petite quinzaine de journalistes conviés à un dîner « off », autour d'une table ronde joliment nappée de blanc. S'il perd, c'est sûr, il sera un heureux retraité, il arrêtera ! « *Oui, c'est une certitude. J'ai 56 ans, j'en fais depuis trente-cinq ans*, jure-t-il alors. *Je couperai avec la politique, vraiment. Les choix radicaux sont des choix heureux, assumés. La demi-mesure, ça ne peut pas marcher.* » Et de poursuivre, songeur, entre deux cuillerées de glace au café, son péché mignon, venue exprès pour lui de

Paris : « *Vous n'entendrez plus parler de moi !* » Il s'imagine déjà, lui, aux 35 heures. On se pince…

« *Je me sens comme si j'avais 22 ans. On peut voyager trois semaines, je peux faire avocat, prendre des responsabilités, commencer mes semaines le mardi matin et les finir le jeudi soir, je vois ça très bien. L'aiguille, faut la retirer progressivement*, philosophe-t-il en imitant le geste de l'héroïnomane retirant une seringue de son bras. *Si on veut être aimé après, faut couper.* »

Il ne l'avoue pas, mais en vérité il redoute de perdre la campagne qui se profile. La perspective lui donne des sueurs froides. La vie après l'Élysée a toujours hanté Sarkozy. « *À la minute où j'ai été élu, je me suis dit : comment tu vas réagir quand tu ne seras plus élu ? C'est une question qui me taraudait. J'ai toujours anticipé l'avenir, car j'ai toujours eu une certaine crainte de l'inconnu. J'aime me rassurer, je suis comme ça. Pour tout le monde, ce genre de situation peut générer de l'inquiétude. Je n'étais pas préparé à ça. Ça illustre le fait que l'idée de la douleur est bien pire que la douleur. L'idée de la maladie est pire que la maladie. Vous comprenez*[1] *?* » reconnaît-il plus tard devant l'un des auteurs, dans un train qui l'emmène en janvier 2014 en Charente-Maritime. Pas trop.

L'esprit de la Mutualité

Voilà, on y est, il a perdu. 6 mai 2012, date gravée dans sa mémoire. C'est fini. L'heure est venue pour

1. Rencontre avec des journalistes, dont l'un des auteurs, 30 janvier 2014.

le « *boxeur* », comme il s'est décrit lui-même pendant cette campagne si brutale, de raccrocher les gants. Paradoxalement, il est soulagé. Il n'a pas été humilié, fort de son score de 48,36 % au second tour de la présidentielle. Il a échoué, certes, mais « *de si peu* », comme il dit. Et il est content de sa sortie, de ce discours prononcé à la Mutualité devant des militants UMP effondrés et, précise-t-il fièrement, « *24 millions de Français* » installés devant leur téléviseur. « *Quand je regarde par rapport à certains de mes prédécesseurs, je trouve que je dois remercier les Français. Parce que je suis exactement dans l'état d'esprit de mon discours de la Mutualité. Merci, merci, et encore merci. C'est très sincère. Ce discours, c'est moi qui l'ai écrit*[1]. »

Ce soir-là, contrairement aux belles promesses faites pendant la campagne sur la fin de sa carrière politique, il n'a rien dit de définitif. Au moment de rédiger le discours, ses conseillers l'ont convaincu de retirer du texte les phrases irrémédiables où il annonçait qu'il arrêtait, comme Lionel Jospin le 21 avril 2002, la politique. Ne surtout pas insulter l'avenir.

Sarkozy a beau avoir anticipé sa défaite, il a le blues. La bataille présidentielle l'a essoré, vidé. Il s'est senti tellement seul. Souvent, il a traversé des moments de doute et de désarroi face à la dureté des attaques de la gauche, des médias, mais aussi de

1. Rencontre avec des journalistes, dont l'un des auteurs, 30 janvier 2014.

son propre camp. Ce sera l'un des moteurs de sa haine contre les ténors de l'UMP. Il a été lâché, pense-t-il, par ceux qu'il estime avoir grassement servis. Affectif et anxieux de nature, ce grand fauve a l'épiderme bien plus fragile qu'on ne croit.

Le 7 mai 2012, au lendemain du second tour, il reçoit l'un de ses visiteurs du soir dans les appartements privés de l'Élysée. Il est encore président pour huit jours, avant la passation de pouvoirs avec Hollande. L'ambiance est lugubre. Seule Carla parvient à lui arracher un sourire. « *On est tranquilles, là. On a vingt ans de bon devant nous* », cajole l'Italienne. Mais l'ancien candidat est KO debout. Heureusement qu'il y avait ces foules qui l'acclamaient dans les meetings, dont il sortait la chemise trempée de sueur. Elles le gonflaient à bloc, effaçaient son immense fatigue. « *Il faut que vous compreniez une chose, si dans cette campagne j'ai tenu, c'est à cause de ce soutien, de cette ferveur, de cet amour, de ces gens désintéressés*, confie-t-il aujourd'hui, encore chamboulé par le souvenir. *Vous étiez sans pitié, les sondages étaient sans pitié, et eux, ils étaient là. Les salles étaient bondées, l'ambiance fantastique. Franchement, j'ai une dette à jamais envers eux. Vous pouvez peut-être trouver ça un peu bêta, mais je vous le dis. Tel ou tel responsable n'a pas eu un comportement fantastique ? OK, mais ça compte quoi par rapport à tout ça ? Rien, c'est une goutte d'eau* [1]. »

1. Rencontre avec des journalistes, dont l'un des auteurs, 30 janvier 2014.

L'été de la grande déprime

Le 16 mai, après avoir remis les clés du pays à son ancien rival, lors de cette cérémonie qu'il a trouvée a posteriori si peu élégante, c'est un Sarkozy en petite forme et au moral vacillant qui s'envole pour trois semaines au Maroc.

Carla est là, sa grande copine Isabelle Balkany aussi. Le roi Mohammed VI traite l'ancien président comme un prince et met une fois encore à sa disposition le palais de Jnane Lekbir, à trois kilomètres de Marrakech, dans la palmeraie. Caché derrière de hauts murs, loin des paparazzis, Sarkozy se ressource, fait du jogging, du tennis. Et se laisse pousser la barbe. Comme pour marquer physiquement qu'il a tourné la page. Carla veille sur lui, soulagée en son for intérieur d'avoir quitté l'Élysée où elle s'est sentie scrutée, épiée, cloîtrée. L'ancien top-model voue une haine tenace aux médias qui les ont, elle et son mari, « *traînés dans la boue* ». Elle a souffert des moqueries sur ses rondeurs de jeune maman, et les rumeurs qui ont suivi dans la presse people sur une prétendue nouvelle grossesse.

Dans cet éden marocain, la politique est taboue. À ses collaborateurs restés à Paris, « le président », comme tous l'appellent encore, a passé une consigne : lui envoyer chaque jour la version électronique de *L'Équipe*, qu'il lit depuis des années. Et rien d'autre. Il veut couper, se désintoxiquer, ne rien savoir des premiers pas de son successeur. Un jour, pourtant, il lâche à Isabelle Balkany : « *Tu sais, j'ai l'intuition que ça va très mal finir. — T'es parano ! T'es traumatisé* », lui répond-elle. Sûr de son fait, il reprend : « *Tu verras.* »

Les plus longues vacances de sa vie… Deux mois de farniente ! Lui qui n'a pas pris autant de repos depuis des années part aussi se faire dorloter au Canada, dans une demeure prêtée par son ami Paul Desmarais, dont il vivra douloureusement la disparition en 2013. Le milliardaire a fait partie des convives du Fouquet's au soir de sa victoire à la présidentielle de 2007. Il a toujours été à ses côtés, il l'a toujours soutenu quand il était au fond du trou. Comme lors de sa première traversée du désert en 1995, après la défaite de son mentor Édouard Balladur. Sarkozy a trouvé à plusieurs reprises refuge dans son immense domaine de Sagard, dans le sud du Québec.

Après l'étape canadienne, il part se ressourcer dans les Alpilles chez son ami Jean-Michel Goudard, l'ancien publicitaire (le « G » d'Euro-RSCG, l'ancien nom de Havas Worldwide, c'est lui), dont il a fait son conseiller en stratégie à l'Élysée, à titre bénévole. C'est Jean-Michel Goudard qui, avec le conseiller en communication du palais Franck Louvrier, a dégoté le slogan de la campagne sur « la France forte ». Cette somptueuse maison de Mollégès, non loin de Saint-Rémy-de-Provence, Nicolas Sarkozy la connaît bien. Elle fut un temps propriété de Jean Drucker et son ex-épouse Cécilia avait envisagé, à une époque, de l'acquérir.

La déconfiture du « *président normal* »

Ses cent premiers jours au pouvoir, François Hollande les a ratés, de l'aveu même de ses plus proches amis. Aveuglé par sa détestation de Nicolas Sarkozy, dont il a longtemps refusé de prononcer le nom, le nouvel élu socialiste a voulu rompre avec le style Zébulon, apaiser le pays. Il a voulu être un « *président normal* » – comprenez, pas comme « *l'autre* » – qui prend le train, vit chichement et laisse son Premier ministre en première ligne. Las, il se rend vite compte que sa « normalité » ne sied guère au rythme du quinquennat.

Cette idée du « *président normal* », Sarkozy l'a d'ailleurs toujours trouvée saugrenue et inadaptée à la fonction suprême. « *Est-ce qu'une femme dit : mon mec est normal ?* » grince-t-il. L'ancien président observe donc, l'œil gourmand, son successeur s'enfoncer rapidement dans l'impopularité. L'affaire du tweet de Valérie Trierweiler attaquant bille en tête Ségolène Royal, en pleines législatives, le laisse sans voix. Et les photos estivales du nouveau couple présidentiel au fort de Brégançon, dans le Var, lui inspirent ce sarcasme : « *C'est les Bidochon en vacances !* » Moqueur, il compare les clichés de Hollande et Trierweiler faisant trempette dans la Méditerranée à ceux, qu'il trouve tellement plus glamour, de lui et de la filiforme Carla.

Dans les sondages, Hollande dévisse à la vitesse grand V, comme si les Français lui en voulaient de s'offrir du temps libre. Mortifié, le nouveau président rentre à Paris déterminé à ne plus jamais partir en vacances. Surpris par la rapidité de cette dégringolade, Sarkozy reprend du poil de la bête. Son appétit s'aiguise. « *Tu sais qui est ma meilleure attachée de presse ? C'est Hollande !* » lance-t-il aux siens, hilare. Cent jours à peine après sa défaite, le voilà déjà qui instille l'idée qu'il pourrait être obligé de reprendre du service ! « *Je n'ai pas très envie de revenir, mais je vais peut-être être obligé de le faire. J'aimerais me construire une autre vie, mais peut-être que le devoir m'appellera* », souffle-t-il à son ancien ministre Benoist Apparu, venu lui rendre visite à la rentrée de septembre. « *La situation se dégrade très, très vite. On peut avoir une crise violente et grave. La situation va déraper*, s'inquiète-t-il encore devant le député UMP filloniste Éric Ciotti. *Moi, je ne reviendrai pas, mais les Français voudront peut-être que je revienne et là, je ne pourrai pas me dérober.* » Bref, Sarkozy trépigne, sur le pied de guerre. Son verdict est sans appel : « *Ça se terminera dans la rue !* » Les enquêtes d'opinion où sa cote remonte, bien sûr, le grisent. Le voilà plébiscité dans son camp. « *Avant, j'avais des mauvais sondages. Vous-mêmes vous écriviez : il est perdu. Ça fait plaisir d'être populaire. Mais c'est beaucoup trop fragile* [1] », se délecte l'ex-président.

La politique, une drogue

Depuis des mois, Nicolas Sarkozy s'est replongé dans les livres d'histoire de la Ve République pour

1. Rencontre avec des journalistes, dont l'un des auteurs, 30 janvier 2014.

voir comment ses prédécesseurs et autres grands serviteurs de l'État – du général de Gaulle à Lionel Jospin, en passant bien sûr par son « père spirituel » Édouard Balladur – ont encaissé le choc de la sortie du pouvoir. Et comment ils ont géré, avec plus ou moins de bonheur, leur retour. Il a commencé quelques semaines avant sa défaite. Et en a tiré des leçons pour l'avenir.

Son contre-exemple absolu, c'est Valéry Giscard d'Estaing, ce jeune président libéral qui a comme lui échoué à se faire réélire face à un socialiste, François Mitterrand, en 1981. On les a souvent comparés pendant son quinquennat. Ça l'horripile. Il ne manque jamais une occasion de l'étriller en petit comité. Six mois à peine après son départ de l'Élysée, Giscard avait remonté barreau après barreau l'échelle de la politique, devenant dès 1982 conseiller général du canton de Chamalières, en 1984 député du Puy-de-Dôme, en 1988 président de l'UDF et l'année suivante, député européen. Pour finir aigri et amer, selon Sarkozy.

« *À quoi ça sert de prendre de l'âge pour détester les gens ?* » tacle-t-il quand on lui parle de Giscard. Ce dernier a toujours refusé de remettre les pieds au palais présidentiel ? « *L'Élysée, j'y reviendrai sans problème*[1] », certifie de son côté Sarkozy, bravache.

Il a aussi regardé de près le parcours de Jospin après son départ fracassant au soir du 21 avril 2002, quand il fut sèchement éliminé par Jean-Marie Le

1. Déjeuner des auteurs avec Nicolas et Carla Sarkozy à l'Élysée, 2011.

Pen. Il le juge suffisant et bouffi d'orgueil. À trop attendre un hypothétique appel des socialistes en faveur de son retour et de sa candidature à la présidentielle de 2007, l'ancien Premier ministre, drapé dans sa dignité, s'est fait doubler par Ségolène Royal, la « madone des sondages ». Lui ne tombera pas dans le même piège, foi de Sarkozy !

Non, son modèle, l'homme qui figure tout en haut de son Panthéon personnel, c'est Charles de Gaulle. Il se verrait bien dans les habits du grand homme, qui avait repris du service au sommet de l'État en 1958. Entre 1946 et 1958, le Général était resté à l'écart du pouvoir, se retirant à Colombey pour rédiger ses Mémoires. Douze ans loin des responsabilités publiques. Sarkozy, lui, n'attendra pas aussi longtemps…

Dès les premiers mois de cette nouvelle vie qu'il n'a pas choisie, il professe à qui veut l'entendre que ce sont les Français et la situation du pays qui décideront de son retour, selon une logique sacrificielle. Et pas sa soif de revanche. S'il revient, proclame-t-il, ce sera par devoir. Voilà pour la version officielle… La réalité est plus nuancée que cela.

« *Est-ce qu'il va falloir que je replonge ? C'est vous qui pouvez me dire ça. Il y a des évènements financiers et sociaux qui peuvent déclencher des choses terribles. Est-ce qu'on peut continuer avec 1 000 chômeurs de plus par jour, sans aucune perspective ? La France n'est pas contente. Les Français ne sont pas contents. La droite pense qu'on lui a volé le succès. La gauche pense qu'on lui a menti. Tout ça, c'est volatil. N'importe quoi peut faire basculer les choses, une étincelle. Ma fierté, c'est qu'en cinq ans je n'ai jamais eu de violences, de sang sur les mains. La France est éruptive, c'est la vérité* », confie-t-il à l'un des auteurs début 2014, toujours officiellement indécis sur son come-back, mais inquiet de la situation « *désastreuse* » du pays. Obligé d'y retourner pour sauver la France, en somme ? « *Je dois beaucoup à mon pays. On ne peut pas faire comme si je n'avais pas été élu. Cela compte dans la vie d'un homme. Je ne peux pas considérer que je suis tout à fait libre vis-à-vis de ça. Président on a été, président on reste*[1]. »

Il en a conscience, l'aventure ne sera pas facile. Sa défaite l'a fragilisé. Elle l'a laissé traumatisé. Malgré tout, il estime avoir encore une longueur d'avance sur ses rivaux potentiels, à droite. « *Je les vois tous s'agiter et dire : je serai candidat en 2017 ! Ils pensent que ça dépend de leur volonté. Moi je pense que ça dépend de la volonté des Français. C'est un très, très long chemin, il y a des murs très escarpés. Il faut beaucoup souffrir, avoir beaucoup de cicatrices, personnelles comme professionnelles. Rester debout malgré tout.* »

En attendant, Sarkozy savoure sa nouvelle tranquillité. On lui prête cette phrase : « *Un jour, j'irai faire du fric.* » Le 11 octobre 2012, le jeune retraité donne sa première conférence rémunérée pour une banque brésilienne à New York…

1. Rencontre avec des journalistes, dont l'un des auteurs, 30 janvier 2014.

Chapitre III

Conférencier de luxe

« C'est jamais arrivé à un président français ! »

Dans l'avion qui l'emmène à New York en ce début d'octobre 2012, Nicolas Sarkozy est un tantinet nerveux. Costume-cravate et barbe de trois jours, l'ancien chef de l'État potasse soigneusement le texte de sa première conférence rémunérée pour la plus grande banque d'investissement brésilienne, BTG Pactual, la « Goldman Sachs des tropiques » comme la surnomme le *Financial Times*. Son président, André Esteves, treizième fortune du Brésil, a voulu choyer ses actionnaires et ses clients en leur offrant un séminaire avec quelques jolies surprises au menu.

C'est donc au dix-huitième étage du Waldorf Astoria, palace de Manhattan situé à deux pas du Rockefeller Center, là où il séjournait quand il participait aux sommets de l'ONU, que « Sarkozy l'Américain » démarre sa nouvelle carrière de conférencier de luxe, devant quelque quatre cents curieux.

Au dernier moment, le voilà même rattrapé par un fond de trac ! « *Je n'ai pas travaillé depuis cinq mois. Je n'ai jamais eu de vacances aussi longues de ma vie, et le pire, c'est que je suis très heureux de cette situation. Je faisais des discours tous les jours. Aujourd'hui, c'est mon premier discours depuis l'élection présidentielle* », entame-t-il dans une langue de Shakespeare hésitante, avant de repasser au français. Il parle longuement de l'Allemagne, de la France, de la crise de la zone euro, qu'il pense loin d'être terminée. Et, malgré une défaillance passagère de la traduction, il fait un tabac. « *Nicolas était soulagé d'avoir reçu un bon accueil* », se souvient un proche.

Mais, avant de prendre congé, le vaincu de 2012 ne peut s'empêcher de sortir de son texte pour livrer quelques confidences. La plaie de sa défaite est encore béante. « *La politique, c'est très dur, on est attaqué sans arrêt. En même temps, c'est un grand honneur. Moi, je m'appelle Sarkozy, nom pas très français, je n'ai jamais bu une goutte d'alcool de ma vie. En France ! Et les Français m'ont élu président. C'est un honneur. Je ne connais pas l'amertume. Je me suis battu pour gagner, j'ai gagné une fois et perdu une autre fois. C'est la vie. Je ne m'en plains pas.* »

Bref, comme il dit parfois en petit comité en parlant de son ancienne vie : « *S'il pleut, c'est de ma faute ! Si votre femme divorce, c'est de ma faute ! Si vous avez mal à la tête, c'est de ma faute ! Quand vous êtes président, les gens vous rendent responsable de tout. C'est lourd à la fin.* »

Tony Blair comme modèle

Mais ce que Sarkozy apprécie aussi, c'est… de gagner enfin de l'argent. Beaucoup d'argent.

Il ne s'en cache guère : l'ex-président a toujours admiré, envié la fortune et l'aisance de ses amis grands patrons. Les Bouygues, Pinault, Dassault et autres Lagardère. Avec un petit faible pour ceux qui sont partis de rien. Il a toujours été fasciné par Bill Clinton ou Tony Blair, qui, après avoir quitté le pouvoir, ont encaissé des dizaines de milliers de dollars par conférence. Lors d'un dîner à l'été 2012, il a livré cet aveu révélateur à l'un des convives : « *Tu comprends, je ne veux pas que ma femme me voie comme un chômeur.* » Après avoir dû faire tellement attention à son train de vie, après avoir été tellement scruté, critiqué, raillé pour son côté « bling-bling », il veut maintenant que son épouse et sa fille vivent bien, qu'elles ne se privent de rien.

« *Quelque temps avant de quitter l'Élysée, il s'était renseigné sur le cachet des conférences internationales*, se rappelle l'un de ses proches. *Il en avait parlé à Tony Blair, qui gagne parfois 200 000 à 300 000 euros par réunion. Il a vite fait le calcul, même s'il savait qu'il serait rémunéré à un tarif moindre.* »

Très vite, sur les conseils de l'ancien Premier ministre britannique, Sarkozy intègre en exclusivité un prestigieux cabinet de conférenciers de luxe : le Washington Speakers Bureau. La Rolls des agences. Il côtoie dans le catalogue, outre Tony Blair lui-même, les Américains George W. Bush, Madeleine Albright et Condoleeza Rice, l'Anglais John Major ou l'Espagnol José Maria Aznar.

Sur sa notice biographique rédigée à l'attention des clients potentiels, on peut lire qu'il est « *un leader visionnaire ayant consacré sa vie à l'intérêt public* », qu'il a joué un rôle déterminant dans la sortie de la crise financière en Europe et dans le conflit entre la Russie et la Géorgie à l'été 2008, notamment. « *Pragmatique et ferme* », conclut le texte, dithyrambique.

Un « *privilège* »

Les demandes croulent rapidement sur son bureau, rue de Miromesnil. C'est sa collaboratrice Consuelo Remmert, la demi-sœur de Carla, qui gère son agenda et lui propose des dates. La jeune femme, qui parle couramment plusieurs langues, avait effectué un passage concluant à la cellule diplomatique de l'Élysée. Elle a vécu de longues années aux États-Unis. Et fait l'interface avec le Washington Speakers Bureau. L'agence assure la logistique, vérifie la fiabilité et le sérieux des compagnies.

Tout se négocie. « *Le voyage en première classe, les chambres d'hôtel pour les accompagnateurs et l'officier de sécurité, le transport en voiture, ainsi que les divers frais*, détaille un spécialiste de ce type d'activité. *Ça chiffre très rapidement. Cela dit, le retour sur investissement est garanti. Les clients des grandes entreprises adorent écouter des anciens présidents parler, même s'ils n'apprennent pas grand-chose sur le plan technique. Ils peuvent bavarder un peu avec eux en marge de la rencontre. Il y a un côté prestigieux.* »

Sarkozy en tire une grande fierté. Pour lui, mais aussi, dit-il, pour la France. Jamais aucun de ses prédécesseurs n'avait connu un tel « *privilège* », remarque-t-il. « *J'ai la chance d'être invité, jamais je n'aurais pensé une chose comme ça, que je serais invité comme ça. Je pense que ce n'est jamais arrivé à un président français*[1] », confie-t-il aux auteurs.

Bien sûr, il sait l'immense méfiance des Français pour tout ce qui touche à l'argent. Il sait que ses cachets rubis sur l'ongle peuvent choquer, qu'ils pourraient constituer un sérieux obstacle à son retour. Alors il trie les demandes, en refuse « *beaucoup* » et repousse les invitations « *dans les pays un peu étranges* ». Comprendre : les paradis fiscaux.

L'argent n'est pas son seul moteur, jure l'ancien président pour justifier cette activité fort lucrative. C'est aussi, insiste-t-il, une façon d'étancher son immense curiosité, d'entretenir son carnet d'adresses, de garder le contact avec les grands dirigeants. « *J'ai envie de voyager, de voir ce qui se passe dans le monde entier. Je découvre de nouvelles idées, de nouvelles façons de faire, de nouvelles personnes*[2]. »

Les yeux ronds comme des billes, il raconte cette conférence en décembre 2013 à Lagos, au Nigeria, dans cette Afrique anglophone qu'il brûlait de découvrir : « *170 millions d'habitants, Lagos 22 millions d'habitants. J'arrive là-bas, 2 000 personnes dans la salle. Pour des raisons de sécurité, ils n'avaient pas dit que c'était moi. Ils l'ont découvert quand je suis rentré. Ils se sont levés, ils ont applaudi, j'étais suffoqué. Toute l'élite africaine…* » Une consécration.

1. Rencontre avec les auteurs, 6 janvier 2014.
2. Rencontre avec les auteurs, 6 janvier 2014.

Mais ça ne se passe pas toujours bien ! Car le conférencier Sarkozy n'a pas la langue dans sa poche. Il dit ce qu'il pense, cachet ou pas. On en reparlera plus loin…

« *Une vache espagnole* »

À force de prestations, Nicolas Sarkozy a parfaitement rodé son discours sur la crise, qu'il sert à ses différents auditoires en l'adaptant au gré des demandes. Fort de son expérience passée, il disserte avec aisance sur la nécessité d'un puissant leadership mondial, excelle au jeu des questions-réponses avec la salle. Parfois, c'est un journaliste qui l'interroge sur les grands enjeux du moment ; parfois, c'est un cadre de l'entreprise invitante. Bref, il maîtrise l'exercice.

Mais l'ancien président a un problème : il parle mal l'anglais. Sa connaissance de la langue reste trop imparfaite pour dominer la scène mondiale des conférenciers. Il a toujours ce satané accent *frenchy* qui lui a valu tant de moqueries de la presse du temps où il était à l'Élysée. « *Quand je suis allé le voir la première fois après son départ de l'Élysée, je lui ai dit : "Il faut que vous vous mettiez à l'anglais." À ma grande surprise, il ne l'a pas mal pris* [1] », raconte avec le sourire son ex-sherpa, Jean-David Levitte. L'ancien conseiller diplomatique de l'Élysée, surnommé « Diplomator », lui a aussi fait miroiter qu'il pourrait devenir un acteur majeur dans la résolution des

1. Rencontre avec l'un des auteurs, 15 juin 2013.

conflits internationaux. À la condition expresse de combler au plus vite ses lacunes. « *Un jour, Ban Ki-moon*[1] *aura peut-être besoin de vous. Et vous n'aurez plus d'interprète à vos côtés. Donc, vous devrez parler anglais* », lui souffle encore Levitte. Message reçu.

À compter de l'été 2012, l'ancien chef de l'État se met alors à bachoter, casque sur les oreilles. Il continue encore de temps à autre à prendre des cours audio. « *Il a fait des progrès*, raconte un banquier londonien qui l'a rencontré à plusieurs reprises. *Il comprend ce qu'on lui dit, peut suivre une conversation. Mais quand c'est à lui de prendre la parole, il multiplie les faux amis et les contresens. Il parle un peu comme une vache espagnole. Il préfère faire appel à un traducteur.* »

Résultat, sa cote s'est certes améliorée sur le marché des « speakers » au fil des mois. Mais elle est encore loin de celle de Bill Clinton, qui a empoché 75 millions de dollars en dix ans. « *L'anglais est la référence absolue dans ce petit monde*, explique encore un spécialiste. *Les tarifs sont moindres si on s'exprime dans une autre langue.* »

Deux millions dans la poche ?

Combien Nicolas Sarkozy a-t-il gagné depuis l'automne 2012 ? Ses amis se sont amusés à faire le calcul. Son tarif est estimé entre 100 000 et 150 000

1. Le secrétaire général de l'ONU.

euros par conférence, selon un familier du Washington Speakers Bureau. Parfois plus, rarement moins. Un chiffre corroboré par un ancien conseiller de l'Élysée, qui en rigole : « *Il fait du pognon, il aime ça, ça l'amuse !* »

De Las Vegas à Doha en passant par São Paulo, Chicago, Montréal, Londres, Singapour ou Brazzaville, le « speaker » Sarkozy a effectué une vingtaine de prestations rémunérées en deux ans et demi. Soit un gain d'environ 2 millions d'euros. C'est en tout cas le chiffre qui circule dans la Sarkozie.

Mais l'ancien président aurait pu arrondir encore bien davantage son compte en banque. Début 2013, plusieurs médias révèlent que le Qatar est prêt à investir 250 millions d'euros dans un fonds de *private equity* (investissement dans des sociétés non cotées) que piloterait l'ex-chef de l'État. Lequel profiterait de ses voyages et conférences pour solliciter des partenaires et fonds souverains. L'information est mollement démentie par son entourage à Paris. Elle est pourtant… rigoureusement exacte. Les discussions sont tellement avancées que Nicolas Sarkozy a même reçu une lettre d'intention tout ce qu'il y a d'officiel de la part des autorités qatariennes.

Mis dans la confidence à l'époque, un de ses proches détaille le plan : « *Il aurait eu toute latitude pour former son équipe. Son bureau aurait été situé à Londres, près de la City, sans obligation d'y être en permanence, juste une ou deux fois par semaine. Et son intéressement s'annonçait colossal, en fonction bien sûr du chiffre d'affaires. Il pouvait compter sur une rémunération comprise entre 2 et 3 millions d'euros par an.* »

Mais, au moment d'apposer sa signature sur le contrat, la main de Sarkozy tremble. Il sait qu'il s'agit sans doute d'un aller sans retour, que cela fermerait tout avenir dans la politique. Déjà qu'il traîne comme un boulet l'étiquette « ami des riches »... La fortune ou la passion ? Cruel dilemme.

Quelques mois plus tard, il s'en explique : « *Ce projet à Londres, je ne l'ai pas fait. Je n'allais pas diriger le fonds souverain d'un pays étranger, ni m'installer ailleurs. C'est l'idée que je me fais de la responsabilité qui est la mienne. Sinon, j'aurais accepté bien des propositions, comme diriger des entreprises, en créer une. Je ne l'ai pas fait et cela a été un sacrifice. C'est une façon de répondre à la question*[1]. *C'est une façon de rester libre, donc disponible*[2]. » Avec toutefois des finances personnelles décuplées par trente mois de voyages aux quatre coins du globe !

De même, l'ancien président aurait renoncé à s'offrir un nid douillet au Maroc – une demeure pour lui et Carla. C'est un sarkozyste du premier cercle qui raconte l'épisode. À l'automne 2012, le couple Sarkozy a chargé un émissaire de visiter discrètement quelques riads. Ils auraient même, un temps, jeté leur dévolu sur la belle villa du prince Jean Poniatowski, l'ancien patron de *Vogue France*. Sarkozy connaît l'endroit, il y a séjourné comme

1. De son retour.
2. Rencontre avec les auteurs, 6 janvier 2014.

ministre de l'Intérieur. « *Carla voulait une maison à eux. Ils ont vraiment songé à acheter un riad au Maroc, il y a eu des visites* », certifie ce proche du couple. Sans suite. Le virus de la politique a, semble-t-il, rattrapé in extremis Sarkozy, soucieux de ne pas fragiliser son retour. Il a suffisamment critiqué DSK quand il avait acheté son riad pour ne pas commettre la même erreur.

Un homme aurait aussi fortement pesé afin de freiner ce projet d'investissement immobilier politiquement risqué : Patrick Buisson, son conseiller de l'ombre. « *Patrick a beaucoup œuvré pour qu'il renonce. Il disait qu'il fallait absolument protéger Sarko de sa tentation de faire de l'argent et d'acheter une maison* », achève notre source sous couvert d'anonymat.

« *Nouveau riche* »

Le compte en banque rondelet de l'ancien président sera-t-il un handicap à son retour ? Les sarkozystes s'en inquiètent. « *C'est une connerie, un problème vis-à-vis des Français. Il ne s'en rend pas compte* », regrette l'un d'eux. « *Une fois qu'on touche à l'argent, on ne peut plus revenir en politique* », assène l'ancien ministre et germaniste Bruno Le Maire, qui cite l'exemple de Peer Steinbrück. Conférencier grassement rémunéré, le candidat malheureux du SPD face à Angela Merkel aux législatives de l'automne 2013 a vite été éliminé de la course. Un influent député UMP confirme : « *Les Français aiment le général de Gaulle qui éteint la lumière, qui est poli, qui dit bonjour aux gens. Sarko, ils aiment son énergie, mais pas son côté nouveau riche.* » Jean-David Levitte, encore lui, lui a d'ailleurs vivement conseillé de panacher les conférences rémunérées et non rémunérées. Sarkozy ne l'a écouté que d'une oreille.

Alain Juppé raconte volontiers une anecdote. Dans le vol qui les ramène, lui et Sarkozy, de leur escapade en Libye en mars 2013, le maire de Bordeaux lui explique qu'il vient de donner une conférence sur l'Europe à la London School of Economics. La question de Sarkozy fuse : « *T'as pris combien ?* » Réponse de Juppé : « *Rien.* » En face de lui, Sarkozy a écarquillé les yeux d'incompréhension...

Son amie Isabelle Balkany a eu droit au même regard quand elle lui a raconté qu'elle devenait chroniqueuse occasionnelle sur Europe 1. « *J'espère que t'es payée !* » Pas le moins du monde. L'ancien président a soupiré : « *Alors, t'es conne.* »

Chapitre IV

Heu-reux, qu'il vous dit !

« *Quand on va dans un spectacle, c'est l'émeute* »

6 janvier 2014. Nous voilà donc installés dans le bureau de Nicolas Sarkozy, au « 77 ». L'ancien président s'assied à son tour. Commande des cafés. Ne regarde pas sa montre Patek Philippe. Il prend tout son temps, deux heures quasiment. Exit l'agenda millimétré de l'Élysée. C'est lui qui parle, bien sûr. Beaucoup. De tout. De Carla, de la vie, de la mort, de ses lectures, de DVD, de la politique, évidemment. Comme toujours. Comme avant. Il pose aussi, c'est plus nouveau, des questions, avec l'œil qui frise, inquisiteur. Son téléphone sonne peu. Souvent, c'est Carla – qu'il appelle *« mon amour, mon bonheur »* – dont on devine la voix chantonnante à l'autre bout du fil. Il est heureux, qu'il vous dit !

On a grand-peine à le croire… Il enchaîne, très sérieux : « *Ça va comme un retraité*[1]. » Raconte qu'il a enfin du temps pour s'occuper de sa famille, de sa petite Giulia, née le 19 octobre 2011, qu'il trouve « *tellement Sarkozy* ». Quid de ces élus qui défilent

1. Rencontre avec les auteurs, 6 janvier 2014.

sur ses canapés ? Il les rencontre « *par gentillesse* », promet-il. « *J'en vois assez peu, moins qu'ils ne le disent. Parfois, quand j'en vois, ils en font tellement que je pense : mais j'ai dû passer deux jours avec lui !* »

Et ces journalistes honnis qu'il se remet à recevoir ? « *En souvenir du bon vieux temps.* » On lève un sourcil sceptique. « *Je lis : "Il veut prendre sa revanche." Mais de quoi ? D'avoir connu Carla ? D'avoir été président de la République ? De faire le tour du monde ? D'avoir, miracle, à 58 ans, une fille de deux ans ? De ne pas pouvoir sortir dans la rue, que les gens se précipitent sur moi ? Mais vous savez pas ce que c'est une journée avec moi, c'est un truc... Quand on va dans un spectacle, c'est l'émeute !* » Il raconte son dîner l'été précédent avec le roi Abdallah de Jordanie et son épouse Rania à la Petite maison à Nice, un de ses restaurants fétiches. « *Quatre cents personnes dehors. J'ai dû appeler la police. Je ne pouvais plus rentrer dans ma voiture.* »

Ça le touche. Parfois, ça lui pèse aussi. Comme cette fois où un trublion du « Petit journal » de Canal + a voulu le suivre à vélo dans l'ascension du col de Babaou, près du Lavandou (Var). L'importun a vite lâché prise. « *Au bout de quelques kilomètres, je me suis dit : on est tranquille* », moque-t-il. Avec Carla, qui n'aime pas sortir, il mène une vie paisible. Casanière. On allait presque dire... « pépère », le surnom de François Hollande.

Ses journées sont réglées comme du papier à musique : il travaille, fait du sport, appelle Carla, retourne travailler, rentre, regarde un DVD, sort parfois au théâtre. Ah, les séries télé… Il est intarissable. « Borgen », « Game of Thrones », « Les Soprano », « Breaking Bad » ou « House of Cards ». Il détaille ses lectures, aussi. Il explique, glissant à dessein un mot d'anglais : *« Faut rester* fit. *Au sens intellectuel, pas au sens physique, hein, même s'il y a un minimum… »* On aura compris l'allusion à Hollande, dont il moque volontiers la prise de poids. Il achève : *« Depuis vingt mois, on est très heureux. Tout va bien. Franchement, je ne voyais pas ça comme ça, je ne m'y attendais pas. Je ne veux pas vous faire le ravi de la crèche. Ce n'est pas du gros rouge que je vous fais là. Je vous dis des choses personnelles. »*

L'ancien président sait bien, quand il nous reçoit en ce début 2014, qu'il est beaucoup trop tôt pour sortir du bois. Pas avant 2015, au mieux, songe-t-il alors. Condamné à ronger son frein, il en profite, dit-il, pour « *se ressourcer* », « *prendre du recul* », se « *régénérer intellectuellement* ».

« *J'ai besoin de me laver la tête, j'ai besoin de prendre de la distance, j'ai besoin de ne plus parler* », répète-t-il, lui qui suit pourtant en détail le moindre soubresaut de la vie politique et dont les piques acerbes fuitent partout dans la presse. « *Vous n'allez pas me croire, la politique, je la suis d'assez loin ! Je n'ai pas besoin de la suivre de près, je sais très exactement ce qu'ils pensent dans leur tête, ce qu'ils vont faire, ce qu'ils attendent de moi* », jure-t-il. « *Je ne veux faire ni le faux modeste ni le vrai prétentieux. Mais j'essaie de me tenir le plus loin possible de tout ça. Pourquoi ?*

Parce que, de toute manière, ce n'est pas le moment. » Il a tout dit : c'est trop tôt !

« Il s'emmerde »

Mais voilà, on ne change pas Nicolas Sarkozy.

Dans ce petit bureau, il est comme un diable dans sa boîte. Il est un signe qui ne trompe pas chez cet hyperactif : sa jambe. Tandis qu'il vous parle, elle tressaute, tressaille, sautille, à vous en faire perdre le fil de la conversation. Voilà « Bionic », comme il se surnommait parfois lui-même, désœuvré sur son banc de touche. On sent bien qu'il étouffe dans cette vie trop étroite. Il reconnaît, du reste, qu'il se sent *« un peu enfermé »*.

Alors, pour meubler le temps, il reçoit. À la pelle. Du ténor politique au plus obscur député. *« Il s'emmerde, il piaffe. Alors il remplit son agenda, il voit des cons toute la journée. Il comble le vide ! »* rigole un sarkozyste. Il voit aussi des grands patrons (Martin Bouygues, Vincent Bolloré, son ami Nicolas Bazire, numéro deux de LVMH, qui fut son témoin de mariage avec Carla…), des sportifs (le pilote de rallye Sébastien Loeb, le coureur cycliste Mario Cipollini, le président de l'Olympique lyonnais Jean-Michel Aulas…).

Et d'anciens conseillers incontournables du temps de l'Élysée, comme Alain Minc, l'essayiste devenu son visiteur du soir ; Emmanuelle Mignon, « cerveau » de sa campagne de 2007, qui a repris du service à ses côtés ; son conseiller en stratégie Pierre

Giacometti, qui l'aide dans l'ombre à peaufiner son image et son plan de bataille ; l'ancienne « plume » de l'Élysée Camille Pascal, qui continue à lui rédiger des discours de décoration et lui présente intellectuels et historiens ; Sébastien Proto, brillant trentenaire passé par Bercy, qui aurait rêvé de diriger sa campagne en 2012 à la place du discret Guillaume Lambert et se voyait déjà secrétaire général à l'Élysée en cas de victoire.

Tous continuent à l'alimenter en conseils, notes, idées. C'est sa « *petite cellule* ». Sarkozy veut se tenir prêt, au cas où. Car, très vite, il s'est mis en tête que, dans ce quinquennat de François Hollande qui s'effondre, tout peut, et très vite, arriver. Y compris son fantasme ultime : une démission du président.

À la rentrée 2012, après une brève cure de désintoxication, il s'est remis à éplucher les journaux et les dépêches AFP. Souvent, il enrage devant les unes « *stupides* » des quotidiens et hebdomadaires, bien trop clémentes à ses yeux avec son successeur. Le « Hollande bashing » bat pourtant son plein dans les médias. Une paille, juge-t-il, à côté du lynchage qu'il pense avoir subi durant son mandat. Et de rappeler constamment cette couverture de *Marianne* en 2007 avec sa photo placardée : « Sarkozy est-il fou ? » Il sait bien, pourtant, que la « Sarkonostalgie » s'est emparée des médias. « Les Guignols de l'info » sur Canal +, qu'il a toujours exécrés, en ont tiré un sketch caustique à souhait peu après la présidentielle, sur l'air du tube de l'été *Call me Maybe* de Carly Rae Jepsen. Le pitch : les marionnettes de David Pujadas, Claire Chazal et Michel Denisot, qui s'ennuient depuis l'arrivée de la gauche au pouvoir, se plaignent de leurs « *audiences pourries* » et fomentent donc un complot pour faire revenir Sarkozy, dont la marionnette est paisiblement vautrée dans son Jacuzzi, cigare au bec. Au « 77 », la petite équipe se marre et se passe la vidéo en boucle. Avec au bord des lèvres un petit goût de revanche.

Longtemps, l'ancien président a dit aux Français : « *J'ai changé.* » On avait droit au « Sarkozy nouveau » comme à la dernière cuvée du beaujolais. S'est-il bonifié depuis sa défaite, comme l'assurent ses amis ? A-t-il fait son mea culpa, après avoir été en grande partie rejeté par les électeurs pour son comportement et ses fautes de style ? Réponse à l'un des auteurs : « *Vous connaissez le proverbe : on ne change pas les rayures du zèbre. On ne change pas, mais on s'améliore. On a moins de défauts, plus de qualités, on prend plus de recul, plus de pâte humaine. Je suis moins anguleux, moins immédiat. J'ai plus de considération pour les gens qui mettent un genou à terre. Je suis plus attentif aux difficultés des autres*[1]. »

D'anciens conseillers de l'Élysée, qui ont eu à subir ses colères foudroyantes, sont plus réservés sur le sujet. « *Est-ce qu'il a fait un examen de conscience sur les raisons de sa défaite ? Hollande n'a pas été élu, c'est lui qui a été battu. Pas sur sa politique, sur sa*

1. Rencontre avec l'un des auteurs, 30 janvier 2014.

personnalité. Qui osera lui dire : "Monsieur le président, changez votre comportement" ? Ça, il n'y a que Carla qui peut le faire », souffle l'un d'eux, qui voit là un obstacle « *colossal* » à son retour.

Seulement Carla, et pas les personnalités de l'UMP, dont, sauf exception, il ne pense vraiment pas du bien…

Chapitre V

Fillon, Juppé, Copé et les autres

« Tous des cons ! »

Pas un responsable de l'UMP ne trouve grâce aux yeux de Nicolas Sarkozy, à part Alain Juppé, et encore…

L'ancienne ministre Rama Yade raconte cet entretien édifiant. Février 2013, l'ex-secrétaire d'État aux Droits de l'homme titille son ancien patron. « *Alors comme ça, vous préparez votre retour en politique ? — Mais non, mais non, pas du tout. Ce n'est pas une question d'envie, mais de devoir* », minaude un Sarkozy barbu. Et le voilà qui se lâche sur Jean-François Copé et François Fillon, agacé de les voir le ranger déjà au rayon des antiquités. Il leur a trouvé un petit surnom : « les Talents ».

« *Dire que certains veulent se débarrasser de moi, soi-disant parce qu'ils seraient meilleurs ! On a vu ce qu'on a vu, ils attendaient que je parte pour déployer leurs talents. Pas dignes d'hommes d'État* », peste-t-il, alors que la guerre à l'UMP a laissé des traces. Avant d'asséner ce jugement sans appel : « *Tous des cons*[1] *!* »

---

1. On ne peut écrire un livre basé sur les confidences de Nicolas Sarkozy sans évoquer ni reproduire le jugement qu'il porte sur autrui, même si celui-ci est souvent direct, voire

Fillon : « *Un loser* »

Une anecdote en dit long sur sa relation avec son ancien Premier ministre. Un jour qu'il discute avec Jean-Pierre Raffarin, Nicolas Sarkozy se fait gentiment chapitrer pour avoir subtilisé à François Fillon la résidence officielle de la Lanterne en 2007. Cet ancien domaine de chasse situé à Versailles, à 20 kilomètres seulement de Paris, servait depuis le général de Gaulle de résidence secondaire aux Premiers ministres. À peine élu, Nicolas Sarkozy en décide autrement. Il a succombé au charme de ce pavillon protégé des regards indiscrets, doté d'une piscine et d'un court de tennis grâce à Michel Rocard. Il y organise son dîner de noces avec Carla en février 2008 – « *les paparazzis étaient accrochés dans les arbres !* » ronchonne-t-il encore –, y passe de nombreux weekends au vert et tient là certaines de ses réunions les plus confidentielles. François Hollande se gardera bien de remettre en question cette décision de son prédécesseur…

En guise de lot de consolation, François Fillon a récupéré le château de Rambouillet, ancienne résidence royale située à 50 kilomètres de la capitale. Louis XVI venait y chasser. Sur le coup, le Premier ministre pense avoir gagné le gros lot avec ce domaine de 800 hectares. Cruelle désillusion ! Le

---

brut de décoffrage. De tels propos – que ceux qui en sont les cibles nous en excusent – constituent une clef de compréhension de sa pensée, de son comportement comme de son parcours politique.

château s'avère cafardeux, sans équipement sportif et, pire que tout, ouvert au public. Marie-Antoinette, qui détestait l'endroit, l'avait surnommé « la Crapaudière ». Fillon ne l'utilisera guère.

« *Tu lui as pris le meilleur du job !* » plaisante Raffarin. Réponse grinçante de Sarkozy : « *Je lui ai piqué la Lanterne, mais il a eu Rambouillet. Lui et sa femme Penelope à Rambouillet, c'est chic, non ?* »

Entre ces deux hommes aux styles si contrastés, le courant n'est jamais vraiment passé. Au fond, Sarkozy méprise Fillon, qu'il n'a jamais vu que comme son « *collaborateur* » – l'expression est restée dans les mémoires. Devant quelques journalistes, dont les auteurs, conviés en 2008 dans le salon vert de l'Élysée, le président avait eu cette formule d'une cruauté inouïe : « *François, c'est moi qui l'ai sorti du caniveau où il était.* » À l'époque, dans les couloirs du palais, on surnomme méchamment l'hôte de Matignon « Mister Nobody ». Ambiance. Aux yeux de l'hyperprésident, son Premier ministre n'est qu'un « *planqué* », un « *sans-couilles* » qu'il suspecte de protéger sa popularité. Il lui en veut à mort de ne pas avoir eu un mot de réconfort en 2007, quand il a traversé la pire épreuve de sa vie avec le départ de Cécilia. Et il ne lui pardonne pas d'avoir été si peu présent pendant la campagne abrupte de 2012. Il s'est senti tellement seul. Heureusement qu'il avait Carla ! « *Quand c'est la guerre, il n'est pas là !* » tonne-t-il.

Le 26 février 2013, François Fillon coupe le cordon avec son ancien patron. Le député de Paris se lance officiellement dans la course à la présidentielle de 2017. Lui et Sarkozy, dit-il, sont désormais « *au même niveau* ». Las, un sondage BVA vient doucher ses espoirs : 16 % seulement des sympathisants UMP souhaitent qu'il défende leurs couleurs pour l'Élysée, contre 54 % pour l'ancien président. À la lecture de cette enquête, Sarkozy se gargarise : « *Vu les sondages, il a bien fait de partir quatre ans avant !* »

Que Fillon crache dans la soupe en critiquant son quinquennat l'irrite plus encore. Ce bilan, après tout, c'est aussi le sien… « *Est-ce qu'il m'a présenté une seule fois sa démission ? Non ! Est-ce qu'il m'a déjà contredit une seule fois devant les parlementaires de l'UMP ? Non ! Il a l'air d'avoir beaucoup souffert quand il était à Matignon, mais c'était bien en silence* », tempête l'ancien chef de l'État.

Aux élus de droite et grands patrons qui se rangent sous la bannière de son rival, Sarkozy glisse ce conseil : « *Ne perd pas ton temps avec Fillon, c'est un loser !* »

Cette petite vacherie, rapportée par la presse, fait sortir l'ancien Premier ministre de ses gonds. Il n'en démord pas : « *2017, c'est mon tour !* » En visite au Japon en mai 2013, où l'empereur Akihito en personne le promeut « Grand cordon de l'Ordre du Soleil Levant », il annonce qu'il sera candidat à la primaire UMP « *quoi qu'il arrive* ». Une déclaration de guerre ! Pis encore, dans un documentaire diffusé sur France 3, le voilà qui compare Sarkozy au « *lapin Duracell* » et l'accuse d'avoir dangereusement flirté avec Marine Le Pen. Une allusion transparente aux propos tenus pendant la campagne par Sarkozy, qui avait jugé la présidente du FN « *compatible avec la République* ».

Sarkozy s'étrangle. Lui, coupable de compromission avec l'extrême droite ? « *Qui a fait baisser le FN en répondant aux angoisses des gens qui votaient pour lui ? Moi ! Personne d'autre n'a autant fait pour réduire l'influence des Le Pen. C'est indigne !* »

Le divorce est consommé. Les deux hommes ne se parlent plus. L'ancien président ne veut plus prendre son ancien Premier ministre au téléphone. Cinq mois plus tard, un épisode fait jubiler les sarkozystes. Fillon se prend violemment les pieds dans le tapis sur Europe 1. Invité à préciser qui il choisirait en cas de second tour entre le FN et le PS aux élections municipales, l'héritier de Philippe Séguin répond qu'il voterait… « *pour le moins sectaire* ». Donc potentiellement pour le candidat frontiste. Le voilà qui fait voler en éclats son image de gaulliste social bon teint et trouble ses partisans, qui saluaient son combat constant contre le FN. « *Il est cramé* », plaisantent les sarkozystes. L'ancien président se marre : « *Expliquer qu'on va voter pour le FN, quelle faute politique ! Laissez-le se planter tout seul* ».

Il la joue même grand prince. « *Je n'en veux pas du tout à Fillon. Pourquoi lui en voudrais-je ? Ce qu'il a fait se traduit par une descente. Il doit s'en vouloir à lui. Moi je ne lui en veux pas. Je ne comprends absolument pas sa stratégie. Me critiquer au moment où j'étais le plus populaire… Il paraît qu'il a beaucoup souffert pendant cinq ans. Peut-être aurais-je dû abréger ses souffrances plus tôt*[1] *?* »

1. Rencontre avec les auteurs, 6 janvier 2014.

Un jour qu'il croise Fillon, Brice Hortefeux le taquine sur ses ambitions présidentielles : « *Tu ne veux pas faire autre chose ?* » Réponse de Fillon : « *Non, moi, c'est président de la République ou rien.* » Hortefeux glisse ensuite, en petit comité : « *Eh bien, ce sera rien !* »

L'ancien titulaire de Matignon reste persuadé que le retour de Sarkozy sera entravé par les affaires. « *On verra qui sera en mesure de se présenter ou pas. Jacques Chirac avait une formule : "On ne peut pas être et avoir été." La roue des sondages va tourner plusieurs fois. La seule question, c'est de tenir et d'être présent au dernier moment*[1] », prophétise-t-il.

Partisan de la méthode forte et d'un programme thatchérien pour redresser la France, François Fillon l'assure : le grand réformateur, c'est lui ; le frileux, c'est Sarkozy. Il raconte volontiers qu'en 2011, lorsqu'il a fallu arbitrer les mesures du plan d'austérité, il a soufflé cette idée à celui qui est alors président : « *Tu vas à la télévision, tu dis aux Français que la situation est très grave et tu leur expliques que, pendant deux ans, on va travailler deux heures de plus.* » Sarkozy a refusé. De même Fillon a-t-il préconisé de porter l'âge de la retraite à 63 ans. Sarkozy a tranché pour 62. « *Il n'y aurait pas eu un manifestant de plus* », regrette l'ex-Premier ministre aujourd'hui encore.

Ce dernier se lancera-t-il dans l'aventure de créer son propre mouvement en claquant la porte de

1. Rencontre avec des journalistes, dont l'un des auteurs, 16 avril 2014.

l'UMP si Nicolas Sarkozy en reprend en novembre 2014 les rênes ? Au moment où ce livre est bouclé, les sarkozystes n'y croient pas une seconde. « *S'il pense qu'il peut constituer un autre parti, il se plante ! Pas un parlementaire ne le suivra. Il passera pour le premier traître. Sarkozy n'a jamais voulu quitter le RPR, puis l'UMP. Il a eu raison. Qui osera suivre un aventurier sur la voie de la division ?* » doute un ancien conseiller élyséen.

Bertrand : « *Un médiocre* »

En voilà un pour qui Nicolas Sarkozy a des projets gratinés s'il revient un jour au pouvoir. « *Lui, ce sera pieds nus avec des plaies ouvertes dans les mines de sel !* »

Dès le 16 septembre 2012, Xavier Bertrand dégaine sur Europe 1 : il se présentera à la primaire de l'UMP pour désigner le candidat pour 2017, « *quelles que soient les circonstances* ». Y compris, donc, face à son ancien patron. « *C'est n'importe quoi ! Pourquoi il dit ça ? Pourquoi il se maintiendrait ?* » vocifère l'ex-chef de l'État, outré de tant d'impudence. Bertrand, « *ce bon à rien* », « *ce petit assureur* », candidat à la présidentielle, y compris contre lui ? « *Il y a des petits moteurs et des gros moteurs. Tout le monde se voit président de la République aujourd'hui. Qui l'a fait ministre ? C'est moi !* »

Douze jours plus tôt, le 4 septembre 2012, il a pourtant reçu Xavier Bertrand dans ses bureaux. Et lui a suggéré de se lancer dans la bataille de l'UMP contre François Fillon et Jean-François Copé, en cherchant un terrain d'entente avec Nathalie Kosciusko-Morizet et Bruno Le Maire. Son objectif ? Atténuer ainsi le score du futur vainqueur... Bertrand l'a laissé dire. La direction de l'UMP ? Il connaît déjà. Très peu pour lui.

En petit comité, l'ancien ministre du Travail se voit déjà à l'Élysée. Comme François Hollande avant sa victoire, il a entrepris un régime drastique pour perdre du poids. « *Gagner 2017, c'est simple. Tu gagnes la primaire avec les déçus de 2007, et tu gagnes la présidentielle avec les déçus de 2012*[1] », expose celui qui surfe sur l'antisarkozysme rampant à droite. Les primaires, qu'il souhaite élargies, Sarkozy devra s'y soumettre, foi de Bertrand ! Il se targue même d'avoir reçu les encouragements du socialiste Arnaud Montebourg. « *Xavier, si vous avez besoin que je vous donne des tuyaux pour l'organisation des primaires, je sais faire. C'est moi qui ai accompli tout le boulot* », lui a glissé un jour l'ancien ministre du Redressement productif.

Si Sarkozy se lance dans la course pour 2017, Bertrand sait pourtant que ses chances de gagner sont infimes. Et qu'il risque de le payer cher si l'ex-président rempile à l'Élysée. Chercherait-il à faire monter les enchères ? Matignon n'est pas son but, jure-t-il. « *Je ne joue pas à me placer. Je ne danse pas au bal des hypocrites qui vont lui faire des mamours rue de Miromesnil et qui en sortent en se demandant comment*

1. Rencontre avec des journalistes, dont l'un des auteurs, 5 mars 2013.

empêcher son retour[1]. » Pour autant, Bertrand se dit aussi que, face à Sarkozy, il peut faire un score surprise et devenir faiseur de roi. Après tout, avec ses 5,7 % à la primaire socialiste de 2011, Manuel Valls a bien atterri à Matignon. Dans son esprit, c'est la fable du lièvre et de la tortue : ce n'est pas forcément le plus rapide qui franchit en premier la ligne d'arrivée.

Le 8 janvier 2014, Xavier Bertrand déjeune avec Nicolas Sarkozy dans un restaurant italien du XVIIe arrondissement de Paris. Les deux hommes ne se sont pas revus depuis septembre 2012. L'ancien ministre prétend avoir pris congé en plantant là son invité, après lui avoir répété qu'il irait jusqu'au bout. « *Vous croyez qu'il va se lever, régler la note, partir et me laisser seul à table ? Vous croyez que c'est comme ça que ça se passe*[2] *?* » s'agace Sarkozy, qui en fait dès lors sa bête noire et ordonne aux siens de passer « le Gros » au Kärcher. Verdict de « l'Ex » : « *C'est un médiocre. Ce n'est pas la reconnaissance qui l'étouffe !* »

Juppé : « *Il me fait passer pour jeune* »

Et si c'était lui, le recours ? Et si son heure était enfin arrivée ? Alain Juppé savoure. L'ancien Premier ministre le plus détesté de France, l'homme

1. Rencontre avec des journalistes, dont l'un des auteurs, 5 mars 2013.

2. Rencontre avec des journalistes, dont l'un des auteurs, 30 janvier 2014.

des grandes grèves de 1995, découvre la popularité, dix ans après sa condamnation dans l'affaire des emplois fictifs de la ville de Paris et sept ans après sa cuisante défaite aux législatives en Gironde. Dans les sondages auprès des Français, il creuse l'écart avec Sarkozy et sa cote ne cesse de monter chez les militants UMP. À gauche, on voit en lui un « homme d'État ». Les centristes, François Bayrou en tête, l'apprécient. Car Juppé s'est même payé le luxe de soutenir le leader du MoDem aux municipales de mars 2014 à Pau, contre l'avis de Jean-François Copé, bien obligé de suivre. Réélu triomphalement au premier tour des municipales à Bordeaux, Juppé se sent pousser des ailes. Et se met à penser très fort lui aussi à 2017. Il distille ses confidences dans la presse. « *Maintenant, c'est l'Élysée ou rien !* » Son âge, un handicap ? Il aura 71 ans en mai 2017, contre 62 ans pour Sarkozy. « *Même pas l'âge de McCain quand il s'est présenté contre Obama* », rétorque Juppé, surfant sur sa posture de vieux sage. « *Parfois, les vieux lions rugissent encore* », sourit-il. Bref, il se met à croire à son destin. Pas question, donc, que quiconque escamote la confrontation interne prévue par les statuts de l'UMP. « *Si j'ai bien compris Sarkozy, son scénario, ce n'est pas la primaire, c'est "Poussez-vous j'arrive !"* » ironise Juppé.

Les deux hommes ont-ils secrètement conclu un pacte ? Publiquement, Nicolas Sarkozy laisse dire qu'il adouberait Alain Juppé s'il renonçait à se lancer. « *Écoutez, si je ne revenais pas et qu'il fallait que je soutienne quelqu'un, d'après vous, faut-il que je soutienne quelqu'un qui a dit du bien de moi ou du mal de moi ? Quel calcul François Fillon a-t-il fait ? Mais enfin, parfois, la tête ça sert à réfléchir... Juppé a été impeccable avec moi*[1] », confie l'ex-hôte de l'Élysée. Il sait gré au maire de Bordeaux d'avoir été l'un des rares à se montrer loyal après sa défaite. Il rappelle volontiers qu'il l'aurait choisi pour Matignon s'il avait été réélu. Plus humain que ce que l'on imagine souvent, Sarkozy a reçu Juppé au cap Nègre (Var) quand il avait traversé une mauvaise passe avec Isabelle, son épouse.

Juppé et Sarkozy ont un autre point commun, puissant : ils méprisent Fillon, justement. Le maire de Bordeaux se souvient peut-être de ce que Jacques Chirac, peu flatteur, disait du Sarthois : « *Fillon, c'est un maurrassien pétri par les prêtres de Solesmes.* » Plutôt s'effacer l'un devant l'autre que de permettre à Fillon de rafler la mise, donc. « *Si Sarko y va, Juppé n'y va pas. Et Sarko lui a dit : "Si je n'y vais pas, je te soutiendrai." Sarko n'ira que s'il est sûr de gagner. Sinon, il sera le faiseur de roi. Donc, Fillon est mort* », certifie un ami des deux hommes, accréditant l'idée d'un deal.

Mais si Sarkozy est aussi clément avec Juppé, c'est parce qu'il ne croit pas une seconde qu'il portera les couleurs de la droite en 2017. Trop vieux, pense-t-il !

1. Rencontre avec les auteurs, 6 janvier 2014.

Les sarkozystes, un peu inquiets de l'échappée belle de ce rival potentiel, se lâchent sur le sujet. « *Il est quand même à l'âge de la retraite, Juppé. C'est un vieux schnock ! À côté de lui, Nicolas fait minet. Et c'est le champion toutes catégories des défaites électorales !* » moque une amie de l'ex-président. « *On ne commence pas une carrière présidentielle à 71 ans, pour un mandat qui se finit à 77 ans. Pour Juppé, c'est une manière de continuer à exister, de rester dans le coup* », analyse Brice Hortefeux. « *Il a été Premier ministre il y a vingt ans. Il est parti de Matignon sous les huées ! Il a été condamné à la prison avec sursis. Il aura 72 ans en 2017. Ce sont des obstacles rédhibitoires !* » poursuit un autre. « *Juppé a de l'étoffe, mais est-ce qu'il aura l'envie ? Raymond Barre était un homme remarquable, mais infoutu de faire campagne. Il faut que ce soit sur un coussin* », achève un ancien conseiller éminent de l'Élysée. N'en jetez plus. Sarkozy ne dit pas autre chose : « *Alain, je l'aime bien. Il a dix ans de plus que moi. Si jamais je voulais revenir, puis-je rêver d'un meilleur rival ? Il me fait passer pour jeune*[1]. »

Reste que Juppé non plus ne croit pas aux chances de Sarkozy de réussir son come-back. « *Il y a des retours possibles en politique. Regardez Berlusconi !* » grince le maire de Bordeaux en « off ». À ses yeux, l'antisarkozysme est encore incrusté dans les esprits des Français. « *Il n'y a pas vraiment de désir de son retour. Il a eu des problèmes de comportement. Il a stressé les gens* », assène-t-il.

1. Rencontre avec les auteurs, 7 avril 2014.

Aux premiers jours de l'été 2014, la relation se tend. La guerre est-elle déclarée ? Le 25 juin, au lendemain d'une rencontre avec Sarkozy, Juppé fait un nouveau pas vers une candidature à l'Élysée. Et riposte aux attaques sur son âge. « *Mieux vaut un sexa en forme qu'un quinqua amorti !* » Le 3 juillet, rebelote, Juppé critique l'intervention télévisée de Sarkozy contre les juges, au lendemain de sa spectaculaire garde à vue et de sa mise en examen pour corruption. « *Vilipender une institution de la République, à savoir l'institution judiciaire, comme le font certains responsables politiques, ne me paraît pas la bonne méthode* », sermonne le maire de Bordeaux. Sarkozy bout. Et ne se prive pas de rappeler que Juppé a été épinglé par la justice en 2004. Lui se targue d'avoir un casier judiciaire encore vierge : « *Moi, je n'ai jamais été condamné !* » De quoi faire sourire l'ancien Premier ministre, qui se plaît à lister toutes les affaires dans lesquelles le nom de Sarkozy apparaît…

Mais il y a pire. Le 7 juillet, le parquet de Paris ouvre une enquête préliminaire sur le paiement par l'UMP de la pénalité de 363 615 euros infligée à l'ancien président par le Conseil constitutionnel, pour dépassement du plafond légal des dépenses de campagne. C'est François Fillon, par l'entremise de son avocat, qui a allumé la mèche et convaincu Alain Juppé et Jean-Pierre Raffarin, qui assurent avec lui la direction provisoire de l'UMP, que le parti n'avait pas à assumer cette dette, réglée rubis sur l'ongle sous l'ère Copé. Sarkozy entre alors dans une rage folle. Les ingrats… Il décroche son téléphone pour incendier Juppé. Qui a accepté en 2010 que l'UMP éponge l'amende de Chirac dans l'affaire des emplois fictifs ? C'est lui ! Le parti avait remboursé la bagatelle de 1,7 million d'euros à la mairie de Paris. « *Chirac et moi, c'était frontal. Mais j'ai réglé ses factures !* » rappelle-t-il.

Le 20 août 2014, la rupture est consommée. Prenant Sarkozy de vitesse, Juppé annonce sur son blog, en pleine torpeur estivale, qu'il sera bien candidat à la présidentielle de 2017… avant de s'envoler pour quelques jours à New York et Montréal. Même ses plus proches amis n'étaient pas au courant de son initiative. Sarkozy, surpris, tente de se rassurer : « *Ça gêne Fillon plus que moi.* » Début septembre, les deux hommes se voient en face à face. L'échange, rapporté par *Le Canard enchaîné*, est viril. Juppé prévient : il ira aux primaires. Sarkozy : « *Mais je vais te tuer !* » Réplique pleine de testostérone de Juppé : « *Tu sais où me trouver !* »

Copé : « *Ceux qui ont fait ça paieront !* »

Entre Nicolas Sarkozy et Jean-François Copé, la relation a toujours fonctionné au courant alternatif. Sur le mode chaud-froid. Lors de la bagarre pour le leadership de l'UMP à l'automne 2012, les deux hommes sont passés par toutes les couleurs de l'arc-en-ciel : ils se sont raccroché au nez, hurlé dessus au téléphone, mais vite rabibochés. Comme cette fois où Sarkozy, fou furieux, a appelé Fillon et Copé pour leur lire à voix haute l'ultimatum en forme de bombe nucléaire qu'il menaçait de publier s'ils ne rangeaient pas les couteaux. Écorché vif, l'ancien patron de l'UMP n'a jamais supporté les échos de presse rapportant les méchancetés que Sarkozy disait de lui : « *Je fais tout pour lui, et il me critique !* » Souvent, Copé prenait son téléphone pour se plaindre à Michel Gaudin, bras droit de l'ancien président au « 77 ». Sarkozy faisait mine de le cajoler. Mais il n'en pensait pas un traître mot. Au fond, il entretenait avec Copé la relation qu'a toute personne avec son successeur à un poste qu'il a brillamment occupé. L'ancien chef de l'État avait dit un jour du ministère de l'Intérieur : « *J'ai tué le job pour dix ans.* » Il pense la même chose de l'UMP et enrage devant tout ce que Copé néglige. « *Il fait le boulot. Mais heureusement, hein, sinon qu'est-ce qu'il ferait ? Il faut bien qu'il y en ait un qui fasse le travail* », grogne-t-il.

Le programme choc imaginé par le parti courant 2014 (fin des 35 heures, dégressivité des allocations-chômage, retraite à 65 ans, etc.) ? « *Bon courage à celui qui veut se faire élire là-dessus !* » se gausse Sarkozy. Et pourtant, il s'accommodait fort bien à la tête du parti d'un Copé mal élu, dont le mandat courait jusqu'en novembre 2015. Un timing idéal pour son retour. L'affaire Bygmalion et la démission forcée du président de l'UMP ont rebattu les cartes. « *Copé, il m'a volé ! Ceux qui ont fait ça paieront !* » s'emporte-t-il quand les magouilles autour de ses comptes de campagne de 2012 éclatent. L'affirmation est évidemment un peu courte. Car, en l'état des investigations judiciaires, rien ne permettait de prétendre, à l'heure où nous bouclions ce livre, que le maire de Meaux s'était d'une quelconque manière enrichi personnellement au cours de la dernière présidentielle.

Ses anciens ministres : *« Des ingrats ! »*

Elle est loin, l'époque où Nicolas Sarkozy tressait des couronnes de louanges aux Bruno Le Maire, Laurent Wauquiez et autres Valérie Pécresse. C'était au temps de l'Élysée. Ils étaient ses *« bébés »*. *« Je suis enfin arrivé à sortir une équipe de jeunes talentueux, qui fait un peu la compétition. Il y a une génération Sarkozy. Si vous prenez Luc Chatel, NKM, Valérie Pécresse, François Baroin, Bruno Le Maire, cette génération, c'est quand même moi qui la sors*[1] *! »* confiait-il à l'été 2011, un brin paternaliste.

Depuis sa défaite, il tempête de les voir l'enterrer si vite et cracher dans la soupe. Qui les a faits ministres ? Lui, encore. Il leur en veut terriblement de ne pas défendre davantage son bilan. Foi de Sarkozy, s'il retourne au pouvoir, ce sera sans eux. *« Ils ont tellement souffert dans mon gouvernement, je leur épargnerai la douleur de revenir ! »*

Sa tête de Turc, c'est Bruno Le Maire, qui a l'outrecuidance de se présenter contre lui à la

1. Rencontre avec des journalistes, dont les auteurs, 6 juillet 2011.

présidence de l'UMP, en attendant d'être peut-être candidat à la primaire pour 2017. Sarkozy n'a jamais eu d'atomes crochus avec cette bête à concours, qu'il surnomme « Bac + 18 » avec le léger complexe de ceux qui ne peuvent brandir un tel cursus. Le Maire est normalien, énarque, germanophone, diplomate formé au Quai d'Orsay, ancien directeur de cabinet de Dominique de Villepin à Matignon. L'ex-président en avait pourtant fait son ministre de l'Agriculture et appréciait son professionnalisme.

Voilà pour le passé. Car Sarkozy ne manque plus une occasion de le railler. Ses interventions télévisées ? « *Quand les gens le voient, ils zappent !* » s'amuse-t-il. Il peut aussi se montrer franchement graveleux. « *Le Maire, il est utile. On a toujours besoin d'un énarque qui parle allemand dans les sommets internationaux. Le pauvre, il écrit des livres que personne ne lit. Ah si, il y en a un que j'ai lu, c'est celui où il se masturbe !* » Allusion à une scène lascive du livre *Le Ministre*, dans lequel Le Maire, dans les vapeurs d'un bain, raconte que son épouse Pauline lui « *caresse doucement le sexe*[1] ».

Laurent Wauquiez, qui fut chargé de l'Emploi et de l'Enseignement supérieur dans le gouvernement Fillon, a droit aux mêmes genres de moqueries après sa mémorable boulette dans l'émission « Salut les Terriens » sur Canal +. « *Vous êtes porno, sérieux ?* » s'enquiert Thierry Ardisson, qui le reçoit

1. *Le Ministre*, Bruno Le Maire, Grasset, 2004.

en plateau. « *Non, mais voilà, j'aime bien le sexe* », avoue Wauquiez en riant. « *Vous regardez bien YouPorn quand même, non ?* » insiste l'animateur en référence au site de vidéos pour adultes. Réponse mi-gênée mi-amusée du jeune maire du Puy-en-Velay : « *Comme tout le monde !* »

Comment briser son image de gendre idéal… C'était « *de l'humour* », se défend-il en vain sur Twitter. Sarkozy se gondole. « *Un garçon si intelligent… La télé les rend fous.* » À tous ses visiteurs, l'ancien président fait la même blague impayable dans les jours qui suivent. Dès que son invité entre dans son bureau, il s'avance vers lui, la main tendue pour le saluer. Et marque soudain un temps d'arrêt. « *T'as vu Laurent ces derniers jours ?* » lance-t-il, inquisiteur. Avant de reprendre, écroulé de rire : « *Non, parce que si tu l'as vu, j'espère que tu t'es lavé les mains, hein !* » Du grand Sarkozy…

Même ses vieux amis Brice Hortefeux, Christian Estrosi ou Nadine Morano, fidèles devant l'Éternel qu'il a également nommés au gouvernement, sont parfois l'objet de ses moqueries. Ils entretiennent pourtant la flamme au sein de l'Association des amis de Nicolas Sarkozy. Mais c'est plus fort que lui, il ne peut pas s'en empêcher. « *Ils se réunissent pour dire qu'ils m'aiment, je ne vais pas leur dire qu'ils sont tous cons !* » lâche-t-il un jour, langue de vipère.

Non, décidément, s'il revient à l'Élysée, il piochera dans la jeune génération, comme il avait imaginé le faire s'il avait été réélu. Les petits jeunes de l'UMP, Sarkozy les couve. Il les soigne. Il les regarde pousser. Avec eux, il joue au DRH.

Le 18 décembre 2013, il convie ainsi à déjeuner les Cadets-Bourbon, ce petit groupe de députés UMP trentenaires élus avec la cuvée 2012. Les ministres de demain, en cas de retour de la droite au pouvoir ? Ils sont sept ce jour-là autour de la table de la salle à manger du « 77 », où trônent une guitare sous verre, une photo de Fidel Castro portant deux Rolex au poignet et la petite tour Eiffel tricolore que le candidat Sarkozy avait dans son bureau au QG de campagne : Virginie Duby-Muller (Haute-Savoie), Gérald Darmanin (Nord), Damien Abad (Ain), Julien Aubert (Vaucluse), Alain Chrétien (Haute-Saône), Guillaume Chevrollier (Mayenne) et Laurent Marcangeli (Corse-du-Sud). Sarkozy aime leur franc-parler. Les jeunes pousses sont cash. Au cours du repas, entre les coquilles Saint-Jacques et le feuilleté à la viande, le jeune Julien Aubert ose la question qui tue : « *Vous êtes un peu comme le chef de famille qui empêche ses enfants de grandir, non ?* »

Mais c'est Gérald Darmanin qui a sa préférence. Il reçoit régulièrement ce pur produit de la méritocratie républicaine, fils d'une femme de ménage et petit-fils d'un harki tirailleur algérien. Maire de Tourcoing (Nord), il est aussi un fidèle de Xavier Bertrand, qui le défie. Alors Sarkozy le flatte et le reçoit très régulièrement. « *C'est un très bon, Gérald. Il sera président avant moi !* » vante-t-il. Il en fera son porte-parole.

NKM et Baroin, ses chouchous Premiers ministrables

« Une fille fantastique ! » Nathalie Kosciusko-Morizet, qui fut sa porte-parole de campagne, il l'adore. Elle est la seule avec qui il garde un *« lien très fort »*. *« J'aime beaucoup Nathalie. Pas politiquement. Je l'aime comme personne. On s'entend très bien*[1] », confie-t-il.

Il l'a beaucoup poussée à se lancer aux municipales à Paris, faisant de sa campagne son petit laboratoire pour 2017, scrutant comment les idées qu'il lui soufflait infusaient. *« Il trouve ça rigolo parce qu'elle a le culot qu'il avait. Il la materne. Il a une relation plus politique avec elle qu'avec les autres »*, raconte Alain Minc. Las, la campagne de la chouchoute prend vite l'eau. Cela n'empêche pas Sarkozy de prendre un gros risque en s'invitant à son premier meeting parisien, au gymnase Japy, le 10 février 2014. C'est la première fois qu'il renoue aussi clairement avec la politique active. Un sacré pari. Et si NKM perdait ? Sarkozy s'en moque, savoure la ferveur populaire, les délicieux « Nicolas ! Nicolas ! », la standing ovation, comme aux plus belles heures de sa campagne. Et qu'importe si la salle n'est pas pleine et si le discours de la candidate manque de souffle. Sarkozy est *« très content »*. Il est fier d'elle. *« Je la soutiens de toutes mes forces*[2] », jure-t-il. Même s'il laisse parfois échapper quelques

1. Rencontre avec les auteurs, 6 janvier 2014.
2. Rencontre avec les auteurs, 6 janvier 2014.

vacheries. Il passera d'ailleurs un savon à son copain Pierre Charon, qui torpille en coulisse la campagne de la candidate et souffle aux journalistes quelques piques estampillées Sarkozy.

Si la droite revient au pouvoir en 2017, NKM peut donc fonder quelques espoirs pour Matignon. « *Sur le thème pourquoi pas une femme, elle a ses chances* », glisse Brice Hortefeux. Sarkozy confirme, sans préciser ce qu'il a dans la tête : « *Nathalie, c'est vraiment une fille qui a un potentiel*[1]. »

Et il y a François Baroin. Longtemps, Nicolas Sarkozy a persiflé à son sujet : « *Deux mois à l'Intérieur, cinq ans à l'extérieur.* » C'était après le bref intérim du fils spirituel de Jacques Chirac Place Beauvau, à l'aube de la présidentielle de 2007. Les deux hommes se sont durement affrontés en 1995, quand Baroin était porte-parole de Chirac et Sarkozy bras droit de Balladur. L'entrée de Sarkozy à l'Élysée a donc signé le début d'un mini-purgatoire pour Baroin, exclu du gouvernement, contraint de se réfugier à l'Assemblée en tant qu'élu de l'Aube. Sa nomination comme ministre de François Fillon en 2010, au Budget, marque le début de l'idylle. Baroin raconte même qu'à la fin de l'été 2010 Sarkozy a songé à lui pour Matignon. « *C'est moi qui ai donné ton nom à la presse* », lui a-t-il confessé.

Après la défaite de 2012, Baroin va encore se rapprocher de l'ancien président, au point de devenir

1. Rencontre avec les auteurs, 6 janvier 2014.

un intime. Et d'être un des premiers à se ranger derrière lui à la rentrée 2014. Il n'est pas rare que les Sarkozy le convient à dîner avec Michèle Laroque. « L'Ex » considère même que c'est lui qui a fait la carrière de Baroin. « *Il était proche de Chirac, mais il n'a jamais eu avec lui les responsabilités qu'il a eues avec moi*[1] », insiste-t-il. « *Baroin, je l'aime bien*[2] », dit-il encore. Les sarkozystes, un peu jaloux, l'apprécient moins. « *Baroin pense que le romantisme est une option en politique. Mais c'est un dinosaure junior* », persifle l'un.

Bien qu'il s'en défende à l'époque, la politique passionne toujours Sarkozy. Et avec elle, les grandes affaires du monde…

---

1. Rencontre avec des journalistes, dont les auteurs, 6 juillet 2011.
2. Rencontre avec les auteurs, 6 janvier 2014.

Chapitre VI

Diplomatie parallèle

« *Mon intention était simple : pourrir l'été de Hollande* »

Depuis son départ de l'Élysée, profitant de ses conférences, Nicolas Sarkozy a multiplié les rencontres avec les grands de la planète. Objectif : montrer qu'il pèse encore, que sa voix porte et qu'il garde un copieux carnet d'adresses. Il joue au président bis. Une diplomatie parallèle qui agace parfois l'Élysée et le Quai d'Orsay. Ça tombe bien, c'est aussi fait pour ça !

Pêle-mêle, on a vu l'ancien président accueilli en grande pompe à Moscou par un Vladimir Poutine tout sourire lui donnant du « tu » et de grandes tapes dans le dos, à Jérusalem dans le bureau du Premier ministre Benyamin Netanyahou, à Madrid au palais de la Zarzuela quelques heures avant que le roi Juan Carlos abdique. L'ex-président a aussi offert le disque de Carla au Premier ministre britannique David Cameron, convié Tony Blair à déjeuner au cap Nègre ou croisé le secrétaire d'État américain John Kerry lors d'un voyage en Israël en 2013…

Un temps, Nicolas Sarkozy s'est même demandé s'il n'avait pas intérêt à accepter un prestigieux poste diplomatique en attendant un éventuel retour sur la scène politique française. Son ancien sherpa à l'Élysée, Jean-David Levitte, lui avait assuré qu'il avait le profil : « *Vous verrez, on vous fera un jour des propositions de médiation d'une grande crise internationale, comme Tony Blair avec le Quartet. On aura toujours besoin d'acteurs pour la paix au Proche-Orient, par exemple. C'est un dossier qui vous a passionné, pour lequel vous êtes reconnu. Vous êtes l'ami des Israéliens et des Palestiniens. Ce sera à vous de décider*[1]. » La proposition n'est jamais venue. Pas grave ! « *Il s'agissait surtout de montrer à Hollande que Sarkozy le marquait à la culotte, même sur l'international* », décrypte un proche.

Quatre-vingt-treize jours de silence

L'idée lui a traversé l'esprit à la vitesse d'un scooter des mers voguant au large du cap Nègre. Tout juste rentré du Maroc et du Canada en cet été 2012 d'après défaite, Nicolas Sarkozy souffle en famille dans la résidence varoise de Carla. Il ne supporte pas de savoir que « les Bidochon » – le méchant surnom qu'il donne à François Hollande et sa compagne Valérie Trierweiler – se reposent paisiblement à la résidence officielle du fort de Brégançon, à quelques kilomètres de là à vol d'oiseau. « *Le monde s'écroule et eux ne trouvent rien d'autre à faire*

1. Rencontre avec l'un des auteurs, 15 juin 2013.

que de se promener en short sur la plage du Lavandou ! » peste-t-il, attablé face à la mer avec quelques amis.

En ce mois d'août, les projecteurs sont braqués sur Damas. Après la Tunisie, l'Égypte et la Libye, le « printemps arabe » s'est brutalement arrêté aux portes de la Syrie. Épaulé par la Russie et l'Iran, Bachar al-Assad mène une répression féroce et sanglante contre son propre peuple. Personne n'imagine encore que le conflit va durer si longtemps et provoquer un drame politico-humanitaire d'une telle ampleur (200 000 morts).

Pour Sarkozy, la diplomatie française n'est pas à la hauteur. Au lieu de se « *prélasser* » en vacances, son successeur ferait bien mieux de sauter dans un avion pour rechercher une solution, songe-t-il. N'est-ce pas ce qu'il avait fait, lui, en août 2008, quand les blindés russes se trouvaient aux portes de la Géorgie ? N'avait-il pas convaincu Vladimir Poutine et Dmitri Medvedev de stopper immédiatement leur offensive à quelques kilomètres de la capitale, Tbilissi ?

Quatre ans après l'affaire géorgienne, le voilà qui dégaine, le 7 août, un communiqué cinglant réclamant une « *action rapide de la communauté internationale pour éviter des massacres* ». À savoir : une intervention armée contre Damas. C'est la première fois qu'il sort de son silence depuis sa défaite à la présidentielle. Il aura tenu… quatre-vingt-treize jours. L'ancien président laisse clairement entendre que ce qui a été fait à son initiative contre le colonel Kadhafi en 2011 – une opération aérienne pour épauler les rebelles sur le terrain – doit être réédité pour la Syrie. Ravi de son coup, il téléphone à ses proches pour tester leur réaction. « *Il était très content*, raconte l'un d'eux. *Il m'a dit : "Mon intention était simple : pourrir l'été de Hollande. Je voulais montrer qu'il ne faisait rien du tout. C'était de la politique intérieure."* » Dans la torpeur de l'été, sa sortie ne passe pas inaperçue.

Ce que l'on sait moins, c'est que l'ancien président, loin d'être rassasié par ce premier coup d'éclat, a un temps caressé l'idée de publier un second communiqué… Histoire d'enfoncer le clou et d'embarrasser un peu plus son rival. Son idée ? Réclamer une zone d'exclusion aérienne au-dessus de la Syrie, pour forcer l'aviation de Bachar al-Assad à cesser ses raids meurtriers.

Pour peaufiner ce nouveau texte, il a téléphoné à son ancien chef de la diplomatie à l'Élysée, Jean-David Levitte. Lequel, sceptique, lui a déconseillé prudemment d'aller plus loin. « *Je lui ai dit qu'il fallait l'accord de nos alliés dans la région pour accueillir nos avions sur leurs bases*, explique Levitte. *Il fallait l'accord du Conseil de sécurité de l'ONU, car il s'agissait d'un acte de guerre. Or, les Russes et les Chinois*[1] *avaient déjà mis plusieurs fois leur veto sur des textes onusiens. La zone d'exclusion aérienne était inapplicable de fait et on lui aurait fatalement reproché de le savoir*[2]. »

1. Alliés de la Syrie.
2. Rencontre avec l'un des auteurs, 15 juin 2013.

Sarkozy râle un peu, mais les arguments de son ex-sherpa l'emportent. Il range son communiqué et retourne faire du vélo dans le massif des Maures.

L'amie Angela

L'Allemagne... Dès qu'on évoque devant lui le puissant voisin de la France, Nicolas Sarkozy ne décolère pas.

Passe encore que Hollande ait claironné pendant toute la campagne qu'il prendrait des initiatives fortes au niveau européen pour relancer la croissance. Et qu'il contraindrait Berlin à le suivre sur cette voie. « *Des propos d'estrade* », gronde Sarkozy. Mais ce qui l'énerve par-dessus tout, c'est l'entêtement du nouveau président à défendre encore cette idée une fois élu.

Il n'en revient pas de la « *naïveté* » de son ancien adversaire. « *Sans l'approbation de Merkel, rien ne peut se faire au sein de l'Union européenne. Hollande a brisé en quelques semaines la relation que j'avais patiemment construite avec elle* », peste-t-il devant ses visiteurs. De fait, la chancelière se ferme comme une huître de la Baltique quand Hollande tente de lui forcer la main en s'alliant aux pays du Sud (Espagne, Portugal, Italie).

Les rapports entre les deux dirigeants – qui n'appartiennent pas, il est vrai, au même bord politique – deviennent vite glacials.

En petit comité, Sarkozy décerne un zéro pointé à son successeur et fournit son mode d'emploi des relations franco-allemandes : « *Essayer de prendre Merkel de face ne sert à rien. C'est une Allemande de l'Est, elle ne dit pas grand-chose, mais elle est extrêmement résistante au mal. Il faut dialoguer avec elle. Et alors, par petites touches, on peut espérer obtenir quelques concessions. L'Allemagne a un système politique différent du nôtre, très compliqué. C'est une coalition de plusieurs partis. La chancelière doit rendre des comptes en permanence à sa majorité. Tout ça, ça s'apprend.* »

Sa conclusion tombe comme un couperet : « *Hollande n'est qu'un amateur.* » Pour Sarkozy, qui a étudié à fond l'histoire allemande et les raisons de son succès économique, il n'y a que deux options, dont une seule valable : « *L'Allemagne et la France n'ont qu'une alternative : s'opposer ou se rapprocher.* » En clair, la guerre ou la paix.

Un début d'autocritique ? L'ancien chef de l'État, s'il ne le crie pas sur les toits, concède qu'il n'a pas toujours su faire avec Merkel. N'a-t-il pas sérieusement irrité la très prude chancelière, lui si tactile, en lui claquant la bise dès le premier jour ? Surtout, il regrette de ne pas s'être suffisamment inspiré du modèle rhénan durant son quinquennat. De ne pas avoir déverrouillé plus franchement le marché du travail, comme Gerhard Schröder l'a fait outre-Rhin en 2003 en créant les « mini-jobs », en libéralisant l'intérim et en allégeant les cotisations patronales. « *Est-ce que la France aurait été prête pour un pareil traitement de cheval ?* réfléchit-il à haute voix. *Quand on est au pouvoir, il faut savoir jauger ce qui est acceptable par l'opinion, ne pas aller trop loin. Sinon, c'est le blocage. Mais, c'est vrai, je n'ai pas tout réussi.* »

Toujours est-il que l'ex-locataire de l'Élysée rêve de reconstituer son duo avec Angela, le fameux « Merkozy ».

Entre les deux leaders, le téléphone sonne encore, les ponts sont loin d'être coupés. Chaque 17 juillet, il n'oublie jamais de fêter l'anniversaire de son amie allemande et lui expédie, à l'occasion, une caisse de ce vin blanc dont elle raffole. Parfois, il lui fait passer des messages via le porte-parole de la chancellerie, Steffen Seibert. Cet ancien présentateur télé, parfaitement francophone, a toujours facilité leurs échanges. C'est lui, notamment, qui a réglé les détails de la visite de Nicolas Sarkozy à Berlin en février 2014. Si le couple « Merkozy » se reforme un jour, Seibert occupera certainement une place de choix à la table des mariés.

Sortie de route sur Israël

Cet exercice de diplomatie parallèle ne se déroule pas sans accrocs.

Le 24 janvier 2013, Sarkozy, l'*« ami d'Israël »*, comme il se présente lui-même, est convié dans un palace de Genève pour le gala du Keren Hayessod, discrète organisation sioniste qui collecte des fonds pour l'État hébreu. Dans la salle, le gratin de la communauté juive, dont des milliardaires, pour certains de nationalité américaine. D'emblée, la soirée démarre mal. Le maître de cérémonie commet une bévue en présentant la star du soir comme « *un membre de la communauté juive* ». Sarkozy prend la mouche. Non qu'il ait honte de son ascendance, grecque et juive de par son grand-père maternel Benedict Mallah, natif de Salonique en Grèce, qu'il vénérait ; catholique et hongroise par la branche paternelle. Mais cette entrée en matière l'irrite. « *Ça l'a tout de suite énervé. Il a commencé par se défendre en disant : "Non, non, pas du tout, ce n'est pas vrai." Vous savez comment il est quand il est contrarié* », se remémore l'un de ses conseillers.

Résultat : Sarkozy met les pieds dans le plat. Il défend avec morgue l'idée de deux États, juif et palestinien, répète qu'il faut partager Jérusalem, que les colonies en Cisjordanie sont une erreur, qu'il faut reprendre les pourparlers de paix avec les Palestiniens, exactement comme il l'avait fait devant la Knesset, le Parlement de l'État hébreu, quand il était président. Il somme aussi Israël de faire le premier pas. « *Il faut mettre la pression sur le gouvernement israélien pour qu'il accepte la création d'un État palestinien !* » Brouhaha dans la salle. « *Israël s'est emmuré lui-même dans les murailles de Jéricho* », enchaîne-t-il. Colère contenue dans l'assistance.

Son discours terminé, il ne prend même pas le temps d'avaler le plat de résistance et tourne les talons pour rejoindre son jet privé. « *Il a dit ce qu'il pensait vraiment sur le processus de paix israélo-palestinien. Il a raison. Mais quand vous le dites devant des milliardaires américains qui financent le gouvernement israélien, quel qu'il soit, ça se passe mal* », sourit ce proche.

Le faux pas du Mali

Quelques mois plus tard, c'est à propos de l'intervention militaire française au Mali, contre les jihadistes d'Al-Qaida au Maghreb islamique (AQMI), que Nicolas Sarkozy commet un impair.

Face aux islamistes qui menacent de s'emparer de la capitale, Bamako, François Hollande a affiché une poigne qu'on ne lui connaissait pas. Le voilà chef de guerre. Sur son ordre, dès janvier 2013, les forces spéciales interviennent en urgence et stoppent la colonne rebelle armée. Puis les soldats français contre-attaquent au nord. La droite n'a d'autre choix que d'applaudir. Dans un entretien accordé au très droitier magazine *Valeurs actuelles* publié le 7 mars 2013, Sarkozy tire pourtant au bazooka sur l'opération Serval : « *Que fait-on là-bas ? Sinon soutenir des putschistes et tenter de contrôler un territoire trois fois grand comme la France avec 4 000 hommes ? La règle, c'est qu'on ne va jamais dans un pays qui n'a pas de gouvernement.* »

Dans les milieux militaires, ces quelques phrases font l'effet d'une petite bombe. La règle, tacite, est qu'on ne critique pas une opération en cours quand des soldats sont au front. La garde rapprochée de Sarkozy en convient, il a dégainé trop vite sur le

Mali. « *Cette intervention a été dirigée de façon excellente de bout en bout. C'est un fait. Nous y avons d'ailleurs retrouvé la main du général Benoît Puga*[1]. *Le mieux aurait été de garder le silence* », avoue l'un de ses partisans sous couvert du « off ».

Interrogé par les auteurs début 2014, l'ancien président rétropédale en douceur : « *Il y a eu une improvisation sur le Mali et la Centrafrique. Je ne dis pas qu'il ne fallait pas intervenir, mais je n'ai toujours pas compris ce qu'on allait y faire. Le Mali, c'est du désert, des montagnes et des grottes. Quand je vois le soin que j'ai mis à intervenir en Côte d'Ivoire*[2]*... On a sorti Laurent Gbagbo, on a installé Alassane Ouattara, sans aucune polémique, sans rien*[3]. »

Leçon retenue ? Nicolas Sarkozy n'émettra aucune réserve – du moins publiquement – sur l'opération Sangaris lancée en Centrafrique en décembre 2013. Malgré une planification hasardeuse et de réelles difficultés sur le terrain pour séparer les combattants anti-balaka (chrétiens) et ex-séléka (musulmans), il restera muet comme une carpe.

Des comptes à rendre sur la Libye ?

S'il se félicite de son propre bilan sur le plan international, Sarkozy n'ignore pas qu'il devra

1. Chef d'état-major particulier de Sarkozy, que Hollande a conservé à ce poste.
2. En mars-avril 2011.
3. Rencontre avec les auteurs, 6 janvier 2014.

probablement affronter quelques critiques. En particulier sur la Libye. À la fin de l'été 2014, la situation est devenue préoccupante du côté de Tripoli. Trois ans après l'intervention occidentale soutenue par l'ONU, l'État central a sombré, les milices armées font la loi et les jihadistes menacent ouvertement les pays voisins comme la Tunisie ou l'Égypte. C'est le chaos. En petit comité, François Hollande accuse clairement son prédécesseur – aiguillonné alors par le philosophe Bernard-Henri Lévy – d'avoir raté, faute de préparation, l'opération aérienne de 2011 qui entraîna la chute de Kadhafi.

Retour à l'envoyeur ! « *J'avais approuvé l'intervention, il fallait bien réagir,* reconnaît l'actuel président. *Mais la leçon qu'il faut tirer des récents conflits, c'est qu'il ne suffit pas de frapper, il faut aussi assurer le service après-vente. C'est ce que nous nous sommes efforcés de faire au Mali et en Centrafrique. Un processus politique solide doit suivre une opération militaire, sinon le désordre succède au désordre*[1]. » Ce que Hollande a déjà dit, sans prendre plus de gants, dans un entretien au *Monde* publié le 20 août 2014 : « *J'ai fait au Mali ce qui n'a pas été réussi en Libye.* » L'attaque contre Sarkozy est limpide.

Les diplomates l'assurent, le dossier libyen sera au cœur des discussions ces prochains mois, tant le risque est grand de voir s'installer un État terroriste sur les rives de la Méditerranée. Dans la Sarkozie,

1. Rencontre avec des journalistes diplomatiques, dont l'un des auteurs, 27 août 2014.

on balaie d'avance tout procès. Pour Jean-David Levitte, l'action de l'ancien président était d'abord dictée par des considérations morales. « *Un jour, Nicolas Sarkozy m'a convoqué dans son bureau et m'a demandé ce qui s'était réellement passé à Srebrenica* », se souvient-il. « *Je lui ai rappelé les événements*[1]. *Il m'a dit : "La Libye, ça va être dix fois Srebrenica." Je lui ai fait une note dont il s'est servi à maintes reprises ensuite. Sarkozy répétait : "Si on ne fait rien, on passera un jour devant la Cour pénale internationale !" Il a eu raison d'agir*[2]. »

Devant ses proches, Sarkozy s'en tient donc à une ligne simple. Si la gauche vient lui chercher querelle, il répondra. « *Que fallait-il faire quand les chars de Kadhafi étaient dans les faubourgs de Benghazi ?* demande-t-il. *Rien ? Alors, on aurait eu droit à un massacre effroyable et à des années de guerre civile, comme en Syrie.* »

Le cactus qatarien

Mais c'est sur ses liens avec le Qatar que l'ex-locataire de l'Élysée s'expose à la plus grosse controverse. Déjà proche de ce richissime émirat gazier lorsqu'il était au pouvoir, il s'y est rendu à d'innombrables

1. En juillet 1995, durant la guerre en Bosnie, les forces serbes avaient massacré 6 000 à 8 000 civils musulmans en quelques jours, sans que les Casques bleus présents dans l'enclave tirent le moindre coup de feu.

2. Rencontre avec l'un des auteurs, 15 juin 2013.

reprises durant sa semi-retraite politique. Pour des conférences, des rendez-vous d'affaires ou des entretiens politiques. Le plus souvent en toute discrétion. Il a même été l'un des rares à être informés en juin 2013, avant tout le monde, qu'un changement allait s'opérer à la tête du pays : l'abdication du tout-puissant cheikh Hamad ben Khalifa al-Thani en faveur de son fils Tamim. Pour Sarkozy, cela n'a pas changé grand-chose : il les connaît tous deux de longue date et s'entend parfaitement avec chacun.

L'ex-président a aussi favorisé l'arrivée des Qatariens au PSG, œuvré en coulisse pour qu'ils obtiennent la Coupe du monde de football en 2022 et failli accepter, on l'a vu, la direction d'un fonds d'investissement qatarien basé à Londres. Ses liens avec l'émirat sont étroits. François Hollande n'a certes guère changé de doctrine avec les dirigeants du Qatar depuis son arrivée à l'Élysée. C'est *business as usual.* Mais il y a mis nettement moins d'affect.

Quoi qu'il en soit, à la fin de l'été 2014, alors que les mouvements jihadistes étendent leur influence dans le monde arabe, ce ne sont pas les affaires que l'on reproche au Qatar, mais son rôle diplomatique ambigu. Peut-on impunément s'afficher aux côtés de ceux qui financent, de près ou de loin, les groupes radicaux au Moyen-Orient ? Pressentant le danger, un lieutenant de Sarkozy anticipe les critiques que l'on pourrait lui adresser : « *Le Qatar est dirigé par plusieurs familles aux ressources illimitées et qui n'en font qu'à leur tête. S'il est prouvé que ce pays a aidé d'une façon ou d'une autre les jihadistes de l'État islamique (EI), qui sont devenus en quelques mois les grands barbares de la planète, il sera évidemment compliqué de continuer à copiner avec ses dirigeants comme si de rien n'était.* »

Fin août 2014, l'État islamique s'est offert une atroce publicité mondiale en décapitant le journaliste américain James Foley, détenu en Syrie depuis 2012. Barack Obama a qualifié le groupe de « *cancer* » qu'il fallait éradiquer. Une nouvelle intervention internationale en Irak a été décidée en septembre 2014. Dès que l'on aborde avec Sarkozy l'épineux problème du Qatar et de ses financements douteux, il assure qu'il a à maintes reprises fait passer des messages de modération à ses dirigeants. « *Ils ont tellement d'argent qu'ils en donnent un peu à tout le monde, sans discernement* », constate l'un de ses proches. S'agissant de l'émirat, l'ex-président préfère – de loin – parler foot. « *On a une belle équipe au PSG, maintenant, non ? Vous auriez préféré que l'on fasse venir des Russes*[1] *?* »

Sur ses options diplomatiques, l'ex-président est donc droit dans ses bottes. Tout comme sur l'UMP. pas question d'y retourner ! Du moins, c'est ce qu'il a longtemps dit…

1. Rencontre avec les auteurs, 7 avril 2014.

Chapitre VII

L'UMP, épisode 1 : plus jamais !

« Je ne serai plus jamais candidat
à la tête d'un parti »

Il fut un temps où Sarkozy jurait ses grands dieux que jamais il ne reprendrait la présidence de l'UMP. De 2004 à 2007, il avait déjà donné. Mais ça, c'était avant. Avant que le tsunami de l'affaire Bygmalion emporte Jean-François Copé et l'oblige à quitter la tête du parti, contraignant l'ancien président à réviser tous ses plans. Non, avant cela, l'UMP, il ne voulait plus en entendre parler.

Janvier 2014. Nicolas Sarkozy, chose rarissime, prend le train. Il part décorer le maire UMP de Châtelaillon, Jean-Louis Léonard, en Charente-Maritime. Devant la petite troupe de journalistes qui l'escorte, il se montre catégorique. « *L'UMP, c'est ma famille. Mais ce n'est plus ma vie. Je les respecte, je leur souhaite des succès aux municipales, aux européennes, aux régionales. Mais je ne commente pas l'actualité d'un parti politique que j'ai présidé et qui fut le mien pendant trente-cinq ans. C'est fini*[1]. »

---

1. Rencontre avec des journalistes, dont l'un des auteurs, 30 janvier 2014.

Vous avez compris ? La « *petite politique* », pour lui, c'est terminé ! Écœuré par le spectacle donné par sa famille politique lors de la bataille Fillon-Copé de l'automne 2012, il vomit l'UMP par tous les pores de la peau. Aux jeunes pousses du parti qui défilent dans son bureau il tient le même langage. « *Quand je vois ce qui se passe, je ne veux pas m'en mêler ! Entre toi et moi, c'est quand même à celui qui fait pipi le plus loin...* », glisse-t-il un jour à un visiteur. Variante, plus caustique : « *L'UMP, c'est un ventilateur à merde ! Si tu rentres dans la pièce, tu te fais éclabousser. Copé est radioactif.* »

Non, décidément, jamais plus il ne mettra les mains dans le cambouis du parti. « *J'ai une idée très précise des conditions de mon retour. Je reviendrai par le haut. J'ai une approche stratosphérique. Je ne négocierai pas avec l'UMP et l'UDI, car ceux qui négocient avec les partis sont morts* », assène-t-il encore.

Quand il découvre que des médias lui prêtent l'intention de créer son propre parti, il bondit. « *C'est grotesque. Entre ceux qui pensent que je deviendrai président de l'UMP, que je participerai à des primaires, que je créerai un nouveau parti, les pauvres*[1]*...* » Son retour en politique, songe-t-il, ne peut se faire que par la voie sacrée de l'élection présidentielle, sûrement pas par la petite porte des partis. Et au mieux courant 2015, pas avant. « *On ne peut pas redevenir président de la République si on est l'homme d'un clan* », tranche-t-il. N'insistez pas,

1. Rencontre avec les auteurs, 6 janvier 2014.

ce n'est pas pour lui. « *Non et non, je n'ai pas la politique dans les tripes. La politique ne me manque pas du tout. J'en ai fait à satiété. Je ne serai plus jamais candidat à une élection législative, à une élection municipale, à l'élection d'un parti. Plus jamais ! C'est terminé, terminé, terminé*[1] *!* » martèle-t-il, omettant soigneusement de citer l'élection suprême, la présidentielle.

Car, dans son esprit, il y a d'un côté la « *politique politicienne* », de l'autre il y a « *la France* ». Et pour elle, et elle seulement, il se dit prêt à sacrifier son bonheur personnel. « *Est-ce qu'un jour je pourrai être utile à mon pays, sans être grandiloquent ? Est-ce qu'à ce moment-là je pourrai dire que je suis heureux avec ma femme, ma fille, avec ma nouvelle vie, que ça ne m'intéresse plus ? Ça, c'est un autre sujet*[2]. »

L'unité à tout prix

Ce qui horripile le plus l'ancien chef de l'État, c'est de voir les siens se déchirer, au risque de l'explosion. À l'automne 2012, il a passé un mémorable savon au téléphone à François Fillon lorsque ce dernier a créé son groupe dissident à l'Assemblée nationale, le fameux Rassemblement-UMP (le « RUMP »). Se faire la guerre, maugrée-t-il, c'est offrir un passeport à Marine Le Pen pour le second tour en 2017.

1. Rencontre avec les auteurs, 6 janvier 2014.
2. Rencontre avec les auteurs, 6 janvier 2014.

« *Je ne comprends pas la division de mes propres amis. Comment peut-on imaginer une présence au second tour si demain on est divisé ? Comment peut-on espérer rassembler les Français si on ne rassemble pas d'abord ses propres amis ?* » s'emporte-t-il. « *Avant de gagner le second tour, il faut gagner le premier, non*[1] *?* » Et Sarkozy d'assurer que lui n'a jamais mis en péril l'unité de sa famille, prunelle de ses yeux. « *Regardez ce qu'on m'a fait. J'ai été humilié, sifflé, jeté, mais je suis toujours revenu dans le parti. Je l'ai dit à Fillon et Copé. C'est une des clés pour être candidat, que le parti soit fort et uni. Moi, j'ai fait la synthèse* », se vante-t-il.

Les chiraquiens, qui l'ont longtemps surnommé « le Traître » parce qu'il a rallié Édouard Balladur à la présidentielle de 1995, en conservent un souvenir plus nuancé… « *Dieu sait que j'ai eu des problèmes avec Chirac. Mais quand j'ai été sifflé à Bagatelle, je ne suis pas parti, je suis resté* », reprend-il, marqué à vie par les huées qu'il a essuyées à son arrivée au grand meeting organisé par Jacques Chirac au parc de Bagatelle, près de Paris, entre les deux tours, en 1995.

Et que dire de Dominique de Villepin, son ennemi juré, qu'il a accusé d'avoir monté un « *cabinet noir* » contre lui dans l'affaire Clearstream[2] ?

---

1. Rencontre avec les auteurs, 6 janvier 2014.

2. Dans cette affaire, de nombreuses personnalités, dont Nicolas Sarkozy, se sont retrouvées faussement soupçonnées en 2004 de bénéficier de comptes bancaires occultes à l'étranger. L'un des protagonistes du scandale, Jean-Louis Gergorin,

« *Quand j'ai fait le meeting de la porte de Versailles* [1], *j'ai accueilli Villepin à l'entrée. J'étais avec lui pour qu'il ne se fasse pas siffler* », se remémore-t-il encore.

Il ne le dit pas, mais, depuis sa défaite, il a revu plusieurs fois Villepin. On le sait peu, mais pendant la campagne présidentielle de 2012, il lui a tendu la main en lui proposant de prendre la parole au grand meeting organisé place de la Concorde le 15 avril. L'ancien Premier ministre, orateur hors pair, a décliné, mais il s'en est souvenu. Au printemps 2014, Villepin surprend son monde en avouant avoir été « *sans doute parfois injuste avec Nicolas Sarkozy* ». Pas rancunier pour un homme que l'ancien président avait promis de pendre « *à un croc de boucher* ». Lors d'un déjeuner dans un salon du prestigieux hôtel Meurice à l'été 2014, Sarkozy lui a même fait miroiter une place de choix au gouvernement s'il revenait au pouvoir : le Quai d'Orsay, où Villepin a excellé durant la crise de 2003 sur la guerre en Irak.

Après moi, le déluge

En vérité, l'ancien chef de l'État s'accommode fort bien du chaos à l'UMP. Quand il ne l'entretient pas sciemment pour étouffer toute concurrence.

---

condamné depuis par la justice, était un proche de Dominique de Villepin.

1. Son congrès d'investiture comme candidat de l'UMP le 14 janvier 2007.

Tant que la crise de leadership dure, l'homme providentiel, le sauveur, c'est lui. De ce point de vue, la victoire autoproclamée de Jean-François Copé en novembre 2012, dans des conditions hautement contestables, arrange ses affaires. Un Copé mal élu à la tête du parti, c'est l'intérêt bien compris de Sarkozy, qui ne souhaite pas voir Fillon rafler la mise.

Un de ses anciens ministres, convié rue de Miromesnil peu après l'élection tronquée à l'UMP, se souvient d'un Sarkozy pompier-pyromane : « *Comment foutre le bordel pour être le seul à surnager ! Il va passer cinq ans à jouer les uns contre les autres. Je l'ai trouvé pitoyable, décevant. Il jouissait du chaos.* »

Prudent, Sarkozy a aussi gardé un double des clés de l'UMP après sa défaite. Avant le scandale des surfacturations Bygmalion, l'ancien directeur général Éric Cesari, Corse ombrageux qui a toute sa confiance, passait souvent lui rendre compte. « *Éric, gardez tout sous contrôle* », avait-il intimé à son « œil de Moscou ». C'était aussi le cas de Jérôme Lavrilleux, directeur adjoint de sa campagne de 2012, avant sa retentissante trahison.

Hollande qui rit

À dix minutes à pied de là, au palais de l'Élysée, François Hollande sourit à l'époque de voir la droite paralysée par le fantôme de Nicolas Sarkozy, qui empêche toute nouvelle tête de pousser et interdit tout inventaire de son bilan.

L'ancien patron du PS a connu ça aussi, quand Lionel Jospin l'avait lâché en rase campagne après avoir été balayé par le Front national en 2002. L'ancien Premier ministre socialiste avait quitté la politique avec fracas, puis tenté un retour, planant telle une âme damnée au-dessus de la rue de Solférino.

Avec son vieux copain Michel Sapin, Hollande rit volontiers de la situation « *indémerdable* » de la droite. « *Sarkozy ne s'est pas mis dans la situation de Lionel Jospin en disant : "Je me retire de la vie politique"*, constate le président en petit comité à la rentrée 2013. *Donc, il est libre, mot qu'il a lui-même utilisé dans un livre*[1]. *Il est libre. J'ai connu cette situation comme premier secrétaire du PS, où il y a une figure tutélaire qui a été pendant un temps le chef, et qui est là sans être là. C'est très difficile à vivre pour les siens. Mais pas pour le camp d'en face*[2] », sourit-il, en décrivant une UMP « *sans leader, ni projet, ni ligne* ».

Le PS a mis dix ans à se remettre de la débâcle de Lionel Jospin. De quoi donner quelque espoir à François Hollande. Sans parler des affaires…

1. *Libre*, Nicolas Sarkozy, Robert Laffont, 2001.

2. Rencontre avec des journalistes, dont l'un des auteurs, 10 septembre 2013.

Chapitre VIII

L'aiguillon des affaires

« Tout aura été mis en œuvre pour m'étudier dans les moindres détails »

Quand il évoque devant nous, début 2014, l'interminable liste des procédures qui s'accumulent contre lui, Nicolas Sarkozy a le visage déformé par la colère, bouche tordue, mâchoire serrée. De lourds nuages planent sur son avenir. Bettencourt, Tapie, Kadhafi, ses comptes de campagne de 2012… Des hors-d'œuvre à côté de ce qui l'attend encore avec les écoutes et le scandale Bygmalion. « *On veut m'abattre !* lance-t-il. *Je ne suis pas paranoïaque, mais le moins que l'on puisse dire, c'est que tout aura été mis en œuvre pour m'étudier dans les moindres détails. Vous savez, les Français ne sont pas dupes. Ils voient les choses* [1] », nous confie-t-il, cinglant.

Du temps où il était président, il se vantait de ne « *jamais avoir eu d'affaires* » et de pouvoir afficher un casier vierge de toute condamnation. Avant son élection en 2007, il avait échappé au « *complot* » Clearstream, ténébreuse histoire de dénonciation calomnieuse où, au terme d'une manipulation, son nom était apparu en 2004 sur des listings – avec, entre

1. Rencontre avec les auteurs, 6 janvier 2014.

autres, ceux de Dominique Strauss-Kahn, Alain Madelin ou Jean-Pierre Chevènement – comme possible détenteur d'un compte bancaire secret à l'étranger. Clearstream. Déjà, il ne pouvait prononcer ce mot sans avoir le visage transfiguré par la haine contre Dominique de Villepin, son frère ennemi, son rival, qu'il accusait de vouloir le « *détruire* », le « *salir* » pour lui barrer la route de l'Élysée.

Avec la soif de revanche et le sentiment aigu que François Hollande n'est pas à la hauteur, les tracas judiciaires vont devenir un puissant moteur de son retour. Comme le dit l'un de ses proches : « *Nicolas serait resté bien tranquille si on ne l'avait pas cherché !* » Sur ce sujet hypersensible, Sarkozy entonne l'éternel refrain du complot politique et de la vengeance des juges.

Les magistrats, il les a tellement malmenés durant son quinquennat, les désignant à la vindicte populaire pour leur laxisme supposé à chaque fait divers impliquant un multirécidiviste, les comparant à des « *petits pois* », leur infligeant de douloureuses coupes sombres avec la réforme de la carte judiciaire de Rachida Dati, quand il n'envisageait pas carrément de faire la peau aux juges d'instruction en supprimant la fonction… De là à voir dans ses ennuis une basse revanche des magistrats, il y a un pas. Que l'ancien président franchit sans sourciller.

Bettencourt : « *Acharnement* »

16 juin 2012. Un mois après son départ de l'Élysée, l'immunité présidentielle de Nicolas

Sarkozy prend fin. Et sa tranquillité avec elle. Dix-sept jours plus tard, le 3 juillet, alors qu'il a quitté la France pour le Canada, le juge Jean-Michel Gentil et la brigade financière débarquent à l'hôtel particulier de Carla Bruni-Sarkozy, dans le XVIe arrondissement de Paris, pour une perquisition. Deux autres suivent à son ancien cabinet d'avocats du 52, boulevard Malesherbes et à ses bureaux du 77, rue de Miromesnil. Ce qu'il vit comme un viol de son intimité et, déjà, comme une machination ourdie par des « *juges rouges* » à la solde du pouvoir socialiste…

21 mars 2013, c'est le coup de tonnerre. Convoqué pour une audition interminable à Bordeaux par le juge Gentil, il en ressort des heures plus tard mis en examen pour abus de faiblesse à l'encontre de la milliardaire Liliane Bettencourt, héritière de L'Oréal.

La nuit est tombée sur le palais de justice. Dans le monospace qui le ramène à l'aéroport, où l'attend un jet privé, Sarkozy est KO. Il ne décolère pas. Lui, accusé d'avoir « *piqué dans le portefeuille d'une vieille dame* » ? Le voilà frappé du sceau de l'infamie. Il n'a pas vu le coup venir. Avocat de formation, cet hypermnésique – sa mémoire-éponge retient tout – connaissait son dossier sur le bout des doigts. Il pensait ne faire qu'une bouchée du magistrat. Lors de sa première convocation, le 22 novembre 2012, il était même reparti certain d'avoir emballé l'affaire. Et le voilà mis en examen. Un coup de poing…

Sur la route, il se refait le film de cette affreuse journée. Lui, l'ancien président de la République, n'a eu droit à aucun égard. « *On ne m'a même pas proposé un verre d'eau* », enrage-t-il. « *J'ai été interrogé et confronté pendant vingt-deux heures en tout. Ils sont venus à quatorze faire des perquisitions à mon domicile, à mon cabinet, au domicile de ma secrétaire, dans mes bureaux. Sans doute qu'il n'y avait pas d'autre priorité. Ça prouve que la justice a bien des moyens...* »

Dans le bureau du magistrat, l'ambiance est polaire. Irrespirable, même. Ceux qui se sont déjà assis dans cette pièce décrivent un endroit sinistre, à deux pas du dépôt. Comme pour mettre les convoqués en condition. Il fut un temps où un autocollant d'un goût douteux était placardé à l'entrée : « *Ici, même les portes sont condamnées.* » Le juge Gentil ? « *Il porte bien son nom, celui-là !* » grince-t-il. Très directif, le magistrat lui intime l'ordre de ne pas s'adresser aux témoins auxquels il est confronté : « *Vous me parlez à moi, pas à eux.* » Quand sa mise en examen lui est signifiée, Sarkozy, stupéfait, ne peut retenir sa colère. Après quelques secondes d'un épais silence, il assène, le regard noir : « *C'est une injustice. — Vous n'avez pas à dire ça*, le corrige sèchement le magistrat. — *Et pourtant, je le dis !* » Quelques instants plus tard, Jean-Michel Gentil clôt les débats. « *Voilà, c'est terminé.* » L'ancien président reprend, glacial : « *Je ne crois pas, non. Ce n'est pas terminé.* »

Dans sa poche, son portable crépite de SMS et de messages de réconfort : Isabelle Balkany –

« *L'indignation et la colère m'étouffent. Je suis là* » –, Jean-François Copé, Brice Hortefeux, Nadine Morano – qui rêve déjà des couvertures de journaux « *avec le titre "Sarkozy innocent" écrit en grand* » –, Alain Minc et même François Fillon, en visite en Russie.

« *C'est un scandale ! Je ne vais pas me laisser faire* », s'écrie l'ex-président. Carla est injoignable, retenue à Berlin sur le plateau de la chaîne allemande ARD pour interpréter un titre de son nouvel album, *Mon Raymond*, surnom qu'elle donne à son époux. Arrivé à son domicile parisien rue Pierre-Guérin, Sarkozy tient une réunion de crise. Avec son avocat, Thierry Herzog, il décide de déposer un recours en nullité.

Comme un seul homme, la Sarkozie contre-attaque. Elle dénonce un « *acharnement* » des juges et du pouvoir. L'ex-président ne se prive d'ailleurs pas de remarquer que ses ennuis interviennent alors que l'affaire Cahuzac vient d'éclater. Sur les réseaux sociaux et plateaux télévisés, ses amis politiques se déchaînent. Et dérapent allègrement. Le député UMP Lionnel Luca agite la théorie du complot : « *La seule chance de François Hollande en 2017, c'est d'éliminer par tous les moyens la possibilité d'une candidature du seul adversaire qui peut le battre.* » Henri Guaino vilipende le juge Gentil, l'accusant de « *déshonorer la justice* ». Et Patrick Balkany décoche un sonore « *Je vous emmerde* » à l'avocat de l'ex-majordome de Liliane Bettencourt. « *Je n'ai rien à me reprocher* », répète de son côté Sarkozy à qui veut l'entendre.

Sous l'effet de la fureur, il songe à briser son silence – relatif – en s'invitant pour la première fois depuis sa défaite au journal télévisé. Pour *« crier sa vérité »*.

Ses proches font le forcing pour l'en dissuader. Deux hommes, notamment, vont le convaincre de ne pas céder à cette impulsion. L'ancien grand manitou de la communication à l'Élysée, Franck Louvrier, devenu patron de Publicis Events, enfourche sa moto dès le lendemain matin pour l'épauler dans la crise. Pierre Giacometti, l'ex-sondeur d'Ipsos devenu consultant en stratégie, le presse, lui, de cultiver la devise « Le silence est d'or ».

« Oui, j'ai eu la tentation de parler parce que j'étais ulcéré. Mais je ne l'ai pas fait, admet Sarkozy. *Si j'avais parlé alors que j'étais mis en examen, à ce moment-là, je n'étais plus une victime, je devenais un puissant. Ça aurait créé la confusion*[1]. »

« Sarkozy se rend à une convocation judiciaire en jet privé ? » ironise de son côté François Hollande, à l'Élysée. Les cris d'orfraie des sarkozystes, qui l'accusent de tirer les ficelles de la justice, l'horripilent. Interrogé par l'un des auteurs une semaine après la mise en examen de son ex-compétiteur, le chef de l'État balaie ces accusations : *« Dire que la justice a fait exprès de le mettre en examen deux jours après l'affaire Cahuzac, que l'on y serait pour quelque*

1. Rencontre avec les auteurs, 6 janvier 2014.

chose, c'est n'importe quoi. Cahuzac, je n'avais pas spécialement envie de m'en séparer. Ce n'était pas prévu. Et c'est totalement ignorer comment fonctionne la justice. Elle est indépendante. Je ne sais pas ce qu'il y a dans le dossier. La droite martèle que c'est orchestré. Peut-être qu'à force de le crier haut et fort il y a des gens qui vont y croire[1]*…* »

Avec le recul, certains amis de Sarkozy assurent que c'est l'affaire Bettencourt qui l'a sorti de sa torpeur et a fait naître en lui les premiers désirs de revanche. Le soir même de sa mise en examen, alors que son avion vient de se poser, l'ancien président reçoit un appel d'un de ses influents conseillers, qui lui glisse cette boutade : « *Le jour où tu seras réélu, tu décoreras le juge Gentil. Tu le feras commandeur de la Légion d'honneur, direct ! Il t'a rendu un fier service, il t'a fait remonter sur ton cheval et t'a empêché de dire des conneries.* » Sarkozy a ri. « *Ils auraient voulu le faire redescendre dans l'arène, ils ne s'y seraient pas pris autrement. Ils vont lui offrir la couronne d'épines qui lui manquait* », confirme un ancien conseiller de l'Élysée.

Le « *boxeur* » Sarkozy, qui n'aime rien tant que l'adversité et se poser en victime, vient de remonter un peu sur le ring politique.

Six mois plus tard, le 7 octobre 2013, un non-lieu est prononcé en sa faveur. Les deux juges

1. Rencontre avec l'un des auteurs, 27 mars 2013.

d'instruction bordelais chargés du dossier Bettencourt renoncent à le renvoyer devant un tribunal correctionnel.

L'encombrant Tapie

Une autre affaire va rapidement venir alimenter sa paranoïa. Celle du troublant arbitrage rendu en juillet 2008 en faveur de Bernard Tapie, dans le vieux litige qui l'oppose au Crédit lyonnais sur la revente d'Adidas. Un arbitrage qui a coûté au contribuable la bagatelle de 403 millions d'euros.

Dans cette histoire, le nom de Sarkozy est partout. Comment l'ancien président, qui décidait de la nomination du moindre sous-préfet, a-t-il pu déléguer ce dossier ultrasensible à sa ministre de l'Économie, Christine Lagarde ? François Hollande et Pierre Moscovici, alors patron de Bercy, sont persuadés qu'il a joué un rôle décisif et donné en personne son feu vert. Et attendent de pied ferme que les juges le démontrent.

Ces derniers suspectent un « *simulacre* » d'arbitrage au bénéfice de Tapie. Les agendas de l'ancien président, qu'ils ont entre les mains, font état d'une douzaine de rencontres avec l'homme d'affaires jusqu'à 2008.

Le 12 juin 2013, Stéphane Richard, le P.-D.G. d'Orange, est mis en examen pour escroquerie en bande organisée. Peu connu du grand public, l'homme n'est autre que l'ancien directeur de cabinet de Christine Lagarde à Bercy. Dès le lendemain, le PS lâche les chiens. La jeune ministre Fleur Pellerin est envoyée sur les ondes pour tirer à vue sur l'ancien président : « *Il y a quand même trois ou quatre affaires en ce moment qui montrent qu'on est bien en présence d'un système organisé de financement illicite de campagne, d'enrichissement personnel !* »

Un uppercut. Sarkozy s'étrangle d'être publiquement traité d'escroc.

Pour protéger leur champion, les sarkozystes historiques accusent discrètement Claude Guéant. Lui aussi recevait très régulièrement Tapie dans son bureau à l'Élysée, du temps où il en était le tout-puissant secrétaire général. Un coupable idéal ? « *Il était le principal collaborateur du président, il avait beaucoup de pouvoir, mais il n'a jamais été un de ses intimes. C'est un homme en qui il avait confiance, mais qui était très secret* », murmure un très proche de l'ex-président afin d'étayer la thèse.

Vous avez dit lâchage ? Les sarkozystes de la première heure n'ont jamais porté « le Cardinal », comme on surnommait Guéant, dans leur cœur. Ils l'avaient même rebaptisé « le grand Requin blanc » et l'accusaient d'entretenir jalousement une relation exclusive avec le président. Pire que tout à leurs yeux : il était proche de Cécilia. Celle qui les a tenus à l'écart du pouvoir lors de son bref passage à l'Élysée comme Première dame.

Christine Lagarde aussi va se sentir un peu lâchée.

Le 26 août 2014, la présidente du Fonds monétaire international est mise en examen pour négligence dans l'affaire Tapie par la Cour de justice de la République. De quoi écorner un peu plus l'image de la France dans les instances internationales. Après DSK, encore un Français en pleine tourmente judiciaire au FMI...

« L'Élysée et Bercy sont verts de rage à l'idée de faire tomber Lagarde sans toucher Sarko », glisse un député PS bien introduit dans les coulisses du pouvoir.

Car, dans ce volet, l'ancien chef de l'État est abrité par le bouclier de l'immunité présidentielle. Il n'en reste pas moins persuadé qu'on cherche une fois encore à le *« salir »*.

À ses visiteurs il répète que tout est manigancé par François Hollande depuis son bureau à l'Élysée. Il est convaincu que les archives de sa présidence ont été passées au peigne fin pour déterrer des munitions contre lui et les protagonistes de l'affaire Tapie. Il pense même en détenir la preuve : le curieux départ de Bernard Muenkel, l'ancien chef du service informatique et télécommunications de l'Élysée.

En litige avec la présidence, cet homme raconte qu'on lui aurait demandé en avril 2013 de pirater en toute illégalité les archives du quinquennat Sarkozy. Ce que l'entourage de Hollande dément avec la dernière énergie, assurant n'avoir fait que se conformer strictement aux demandes émanant de la justice dans ce dossier. Pas de quoi convaincre l'ancien président. *« Ils viennent de mettre dehors le directeur des services informatiques parce qu'il n'a pas voulu fouiller mes ordinateurs*[1] *!* » tonne-t-il. « *Il est persuadé qu'il y a une opération des juges pilotée par l'Élysée, un cabinet noir* », décrypte un proche.

Voilà qui en dit long sur la haine tenace entre les rivaux de 2012. Elle va aller crescendo.

François Hollande, encore lui, répond à ces attaques. « *J'ai lu que j'avais monté une petite cellule pour surveiller son éventuel retour. N'importe quoi ! Je lis tout ce qu'il dit sur moi, je suis au courant.* »

La retraite de Nicolas Sarkozy, le président n'y a jamais vraiment cru. Instruit par le passé, il doute toutefois de ses chances de réussir son retour. « *Dans l'histoire politique française, il y en a beaucoup qui ont essayé. Giscard est revenu tout de suite dans le jeu politique. Mais, au bout du compte, il n'a pas pu se présenter, car Chirac lui a barré la route. Jospin a dit qu'il arrêtait, et quelques années après, il a voulu aussi revenir dans le jeu*, expose-t-il. *Sous la Ve République, il n'y a pas eu de come-back, à part le général de Gaulle. Mais il n'y a pas de règle. On vit une période tellement spéciale qu'on ne sait jamais. Tout est ouvert*[2]. »

La vengeance posthume du colonel

Le 19 avril 2013, le parquet de Paris ouvre une information judiciaire contre X pour corruption,

1. Rencontre avec les auteurs, 6 janvier 2014.
2. Rencontre avec l'un des auteurs, 27 mars 2013.

trafic d'influence, faux et usage de faux, notamment. Elle est confiée aux juges Serge Tournaire et René Grouman. Objet de l'enquête : les soupçons de financement occulte de la campagne de 2007 de Nicolas Sarkozy par le régime Kadhafi.

Perquisitionné huit jours plus tôt, le sulfureux homme d'affaires franco-libanais Ziad Takieddine affirme détenir des preuves, sans toutefois les fournir. Il n'est pas le seul à proférer des accusations.

L'histoire démarre en mars 2011, trois jours avant que l'OTAN déclenche les frappes contre la Libye, à l'initiative de la France, pour éviter un bain de sang à Benghazi. Il est loin, le temps où Paris déroulait le tapis rouge à Muammar Kadhafi, l'autorisant à planter sa tente dans les jardins de l'hôtel Marigny, en face de l'Élysée. C'était fin 2007. L'image restera comme une tache sur le quinquennat Sarkozy. Dans un entretien à Euronews le 16 mars 2011, le fils du colonel, Saïf al-Islam, charge : « *Il faut que le clown Sarkozy rende l'argent qu'il a accepté de la Libye pour financer sa campagne électorale. C'est nous qui avons financé sa campagne, et nous en avons la preuve.* » Il menace : « *On a tous les détails, les documents, et on révélera tout prochainement.* »

Sans suite. La dernière manipulation d'un régime au bord du gouffre ?

Le 28 avril 2012, entre les deux tours de la présidentielle, alors que la campagne bat son plein, le site d'investigation Mediapart, dirigé par Edwy Plenel, dégaine un document choc. Daté de 2006 et signé d'un dignitaire libyen, cette note à l'authenticité contestée fait état d'une réunion secrète où la décision aurait été actée de débloquer 52 millions d'euros pour aider Sarkozy dans sa conquête de l'Élysée en 2007. Selon la note, Brice Hortefeux aurait été présent. Sarkozy bondit. « *C'est un faux, un faux grossier !* » Il porte aussitôt plainte contre Mediapart pour faux et usage de faux et publication de fausses nouvelles. Il est persuadé que la justice lui donnera raison, déterminé à faire mordre la poussière à Plenel, qu'il voit comme un « *donneur de leçons* ».

Devant les auteurs, il lève les yeux au ciel en évoquant ce financement présumé illicite. « *Je me suis constitué partie civile dans l'histoire Mediapart. J'ai vu qu'ils avaient été placés comme témoins assistés... On va voir ce que cela va donner. Ce document, il est vrai ou il est faux ? La justice devrait être alerte pour enquêter là-dessus. M. Kadhafi est resté dix mois vivant pendant que je conduisais les opérations. S'il avait des choses contre moi, pourquoi ne les a-t-il pas sorties*[1] *?* » relève-t-il, en l'absence de toute preuve matérielle dans ce dossier explosif qui n'a pas permis, à l'heure où nous achevons cet ouvrage, de caractériser d'infraction commise par l'ancien président.

Il va d'ailleurs connaître des rebondissements inattendus. C'est dans le cadre de cette enquête que l'ancien président sera placé sur écoutes.

1. Rencontre avec les auteurs, 6 janvier 2014.

Les « *braves gens* » du Sarkothon

On l'ignore sur le coup, mais la bombe à fragmentation Bygmalion vient d'exploser dans l'atmosphère. Elle va faire de gros dégâts.

Le 4 juillet 2013, le Conseil constitutionnel présidé par Jean-Louis Debré décide de rejeter l'intégralité des comptes de campagne de 2012 de Nicolas Sarkozy. Du jamais-vu sous la Ve République s'agissant d'un ancien chef de l'État. Après la présidentielle de 1995, son père spirituel, Édouard Balladur, l'avait échappé belle. Les « sages », présidés par le socialiste Roland Dumas, avaient failli invalider ses comptes de campagne en raison d'un versement suspect de 10 millions de francs en liquide. Mais les dépenses de Jacques Chirac, le président élu, n'étaient guère plus nettes. Décision avait alors été prise de fermer les yeux.

Voilà donc Nicolas Sarkozy ravalé au même rang que Jacques Cheminade et Bruno Mégret, qui ont connu la même sanction avec le rejet de leurs comptes de campagne en 1995 et en 2002. Piètre compagnonnage. Dans cette affaire, le Conseil constitutionnel n'a fait que se ranger à l'avis de la très sourcilleuse commission des comptes de campagne. Six mois plus tôt, ladite commission a tapé sur les doigts de l'ex-candidat UMP après avoir épluché ses dépenses. Elle lui reproche plusieurs déplacements effectués aux frais de l'État, avant son entrée officielle en campagne, le 15 février 2012. Et épingle, surtout, le meeting géant organisé à Villepinte le 11 mars 2012, imputé indument pour partie à l'UMP au titre d'un conseil national fantoche.

Ce coup-là, Sarkozy ne l'a pas anticipé. Serein, son avocat Philippe Blanchetier misait au pire sur une révision partielle des comptes de campagne, avec à la clé une amende ou un remboursement rogné à la marge. Mais un rejet intégral, ça...

Il n'en faut pas davantage pour que l'ancien président décèle une nouvelle machination dirigée contre lui. Le chiraquien Jean-Louis Debré ne l'a-t-il pas toujours vu comme un traître ? Une fois encore, la Sarkozie s'époumone et crie à la « *chasse à l'homme* ». « *C'est une nouvelle démonstration de la volonté de nous bâillonner* », clame par exemple Brice Hortefeux.

« *J'ai fait 19 millions d'électeurs* [16,8 millions en réalité] *sur mon nom, et je suis quand même le seul qui n'ait pas eu un centime de remboursement ! M. Cheminade a été remboursé, lui, dont le programme était de débarquer sur Mars*[1] *! Mme Le Pen aussi a été remboursée*[2] *!* s'étrangle l'ancien chef de l'État. *C'est incroyable, franchement, quoi qu'on pense de moi. Est-ce que celui qui arrive numéro deux, qui fait 48,5 %, 19 millions d'électeurs*[3], *c'est normal qu'il n'ait pas un sou de remboursement ?* »

Il claque aussitôt la porte du Conseil constitutionnel pour retrouver sa « *liberté de parole* ». Chose impossible, en vérité, puisque, en tant qu'ancien président, il en est membre de droit. Qu'importe, il n'y siégeait plus depuis décembre 2012, en raison de l'examen détaillé de ses comptes de campagne.

---

1. Le candidat, loufoque, préconisait de coloniser Mars et la Lune en deux générations.
2. Rencontre avec les auteurs, 6 janvier 2014.
3. 16,8 millions, en fait.

Pour l'UMP, déjà exsangue – sa dotation publique a baissé drastiquement avec sa défaite aux législatives de juin 2012 –, c'est la catastrophe : 11 millions d'euros ne rentreront pas dans les caisses. Branle-bas de combat. Encore à la tête du parti, Jean-François Copé s'en va partout répétant que les dépenses de campagne n'ont dépassé le plafond autorisé que d'un maigre « 2,1 % », soit 466 118 euros. La suite va révéler que c'est beaucoup plus que cela…

Humiliation suprême, Sarkozy est sommé de rembourser au Trésor public l'avance de 150 000 euros octroyée à tout candidat. Et de régler sur ses deniers personnels l'amende de 363 615 euros. Afin d'éviter la faillite de l'UMP, Copé lui propose de lancer sans attendre une grande souscription auprès des militants, en surfant sur le sentiment qu'« *on* » – comprendre François Hollande – veut « *abattre* » leur champion et asphyxier financièrement le premier parti d'opposition. Ce sera le Sarkothon.

Rue de Miromesnil, les réunions de crise s'enchaînent. Cette fois, Sarkozy n'a plus le choix. Il doit parler, s'expliquer devant les militants écœurés. Il décide de mouiller la chemise en participant, pour la première fois depuis 2007, au bureau politique convoqué à huis clos au siège du parti le 8 juillet, devant tout le gratin de l'UMP. Lui qui s'était juré de se tenir aussi loin que possible de la « *petite politique* »… Mais sa famille est en danger. Le patron est donc de retour ! Le Sarkothon devient le tube de l'été, les chèques pleuvent, le standard et les compteurs explosent. Sarkozy y voit le signe que son aura est intacte dans le peuple de droite. « *Si les militants ont donné, c'est à moi, pas à l'UMP,* se targue-t-il. *Heureusement que les braves gens ont fait ça…* » De l'avis d'un ancien conseiller de l'Élysée, « *le déclic psychologique du retour date de là, car il a vécu l'affaire des comptes de campagne comme une humiliation.* »

En coulisse, la thèse d'un complot politique destiné à l'écraser fait sourire les ténors les plus affûtés de l'UMP. Les langues se délient, les couteaux sont tirés. « *Tout ça, c'est la façon dont a été gérée la campagne, avec les rênes laissées à Jean-François Copé et Jérôme Lavrilleux avec la société Bygmalion de leur copain Bastien Millot. Le coût moyen d'un meeting de François Hollande était moitié moindre que celui d'un meeting de Nicolas Sarkozy !* » murmure un ex-ministre filloniste à l'époque.

La petite musique du trésor de guerre que Copé se serait constitué commence à faire son chemin. L'intéressé dément et porte plainte pour diffamation. Le scandale Bygmalion va mettre huit mois à éclater et obliger Sarkozy à reprendre le parti pour « *tout changer* ». Nettoyer les écuries d'Augias à l'UMP : voilà une épreuve à laquelle ce grand sportif n'avait pas prévu de se livrer. Il a pourtant de l'entraînement…

Chapitre IX

Va y avoir du sport

« Le corps du président, ça compte »

Il fait beau, ce dimanche, à Roland-Garros. Nicolas Sarkozy s'apprête à jouer un match de tennis avec son fils Pierre, bientôt 30 ans, le DJ de la famille, lorsqu'une dame très élégante, la soixantaine, s'approche, le salue poliment et lui propose de disputer un set. Qui la reconnaît dans les allées du stade de la porte d'Auteuil ? Pas grand monde. Mais l'ancien président raconte cette anecdote avec des étoiles dans les yeux. Car lui a parfaitement identifié l'ancienne championne roumaine Virginia Ruzici, qui a remporté le célèbre tournoi en 1978 contre la Slovène Mima Jausovec. « *Vous vous rendez compte ? Elle est même allée en finale contre Chris Evert en 1980, la classe*[1] », s'enthousiasme-t-il en fan absolu. Résultat de leur rencontre improvisée ? « *6-2 pour moi. Ça m'a fait plaisir. Même si je crains qu'elle n'ait pas donné la pleine mesure de son talent* », sourit-il, pas dupe.

Pour Sarkozy, les petits bonheurs de la vie sont simples. Et ceux liés au sport, innombrables.

1. Rencontre avec les auteurs, 6 janvier 2014.

Durant sa semi-retraite, il jure qu'il n'a pas épluché la presse tous les jours. À l'exception de son journal fétiche, *L'Équipe*, dont il dévore quotidiennement toutes les pages. Du foot au rugby en passant par l'athlétisme, la natation, le tennis, la Formule 1 et, bien sûr, le vélo, sa passion absolue. Quand il est à l'étranger, il demande toujours à ses collaborateurs restés à Paris de lui expédier une version électronique du quotidien sportif, qu'il lit sur sa tablette tactile. « *Je préfère le papier*, s'excuse-t-il presque. *Mais quand je n'ai pas le choix...* »

« Mouiller le maillot »

Dans son repaire de la rue de Miromesnil, il a reçu ses idoles à tour de bras depuis sa sortie de l'Élysée. De Michel Platini, le patron de l'UEFA (l'instance dirigeante du foot en Europe), à Didier Deschamps, le sélectionneur des Bleus, en passant par le judoka Teddy Riner, plusieurs fois champion du monde et médaillé olympique. Il les cajole, leur propose son aide et... leur demande des autographes pour ses fils. Il apprécie sincèrement les athlètes, avec une préférence pour ceux qui aiment souffrir, mettent leurs tripes sur le terrain et en sortent vidés après avoir sacrifié leurs dernières forces. Ceux qui « mouillent le maillot », comme on dit dans le jargon sportif. Pas forcément les plus brillants au départ, mais durs au mal. Un peu comme lui, se plaît-il à croire.

Parfois, ses amitiés sentent le soufre. Tant pis, il assume. N'a-t-il pas défendu jusqu'au bout le cycliste américain Lance Armstrong, vainqueur du Tour de France à sept reprises avant d'être disqualifié pour dopage ? Un vrai tricheur. Pourtant, aujourd'hui encore, Sarkozy n'arrive pas à condamner vraiment le coureur texan. Il élude. Et préfère s'en prendre à la presse, qui passe son temps à chercher des poux dans la tête de ceux qui font rêver les foules. « *À force d'annoncer des mauvaises nouvelles, de parler de choses négatives, pas étonnant que les journaux ne se vendent plus* », grince-t-il, en songeant très fort aux médias qui enquêtent sur les à-côtés du Tour.

Le PSG à la mode qatarienne

Le Parc des Princes, c'est son deuxième bureau. Chaque fois qu'un match important du PSG se joue, les caméras s'attardent sur l'ancien chef de l'État, confortablement installé en tribune VIP aux côtés du président du club, Nasser al-Khelaïfi, un proche de l'émir Tamim. Sarkozy ne s'en cache guère : c'est lui qui a favorisé en 2011 le rachat du club par le fonds d'investissement souverain du Qatar (QIA). Grâce aux stars comme Zlatan Ibrahimovic, Edinson Cavani ou Thiago Silva – recrutés à grands coups de pétrodollars –, il peut enfin rêver que le PSG rivalise avec le Real de Madrid, Barcelone ou le Bayern de Munich. Voire remporte un jour, qui sait, la fameuse Ligue des Champions. Le graal ultime.

En septembre 2014, Sarkozy confie tout le bien qu'il pense de la *dream team* parisienne. Il connaît chaque joueur et a son avis sur la saison qui s'ouvre. Il est intarissable. « *Moi, je pense qu'on va mieux jouer que l'année dernière. Marco Verratti* [milieu de terrain] *est fantastique. Javier Pastore* [milieu de terrain], *j'adore ce joueur. Tellement gentil, tellement poli. Lucas Moura* [ailier] *a 22 ans, Lucas Digne* [arrière latéral] *20 ans, Pastore 23, Marquinhos* [défenseur central] *19, David Luiz* [défenseur central], *il doit avoir 27 ans, pas plus. Il va y avoir des saisons magnifiques à Paris. Le problème, c'est par qui on remplace Ibrahimovic. La question n'est pas d'acheter des bons joueurs, la question, c'est d'acheter un joueur exceptionnel. Vous enlevez Messi de Barcelone ou Ronaldo du Real, et ce n'est plus la même chose. C'est moins bon*[1]. »

En supporter avisé, il y a une chose qui tracasse l'ancien président : le *fair-play* financier. Un ensemble de règles mises en place par l'instance européenne de foot (UEFA) pour assainir un milieu pas toujours vertueux. Problème : c'est le PSG qui a été principalement pénalisé (avec l'équipe anglaise de Manchester City). Son recrutement a été limité alors que le club n'est pas endetté et que ses finances sont saines. Sarkozy n'est pas content. Il trouve ça injuste. « *À un moment donné, il faudra changer les règles, les assouplir. Cela ne peut pas rester en l'état,* professe-t-il. *Manchester United peut acheter pour*

1. Rencontre avec les auteurs, 9 septembre 2014.

250 millions et le PSG est sous surveillance ? Je ne comprends rien. Tout le monde a tapé sur le Qatar. Mais si le Qatar partait, ce serait un drame pour le football français. Les clubs empochent 150 millions de droits télé en plus. Vous pensez que, sans le Qatar et le PSG, ils toucheraient ça ? Franchement[1]... »

Le PSG, il faut bien lui reconnaître cela, est son équipe depuis toujours. Bien avant l'arrivée des riches émirs, Sarkozy arpentait déjà les allées du Parc des Princes, félicitant les joueurs dans les vestiaires après les rencontres, une écharpe du club autour du cou. Sa période préférée ? Quand son copain Michel Denisot, pilier de Canal +, présidait le club et lui faisait enchaîner les titres : champion de France (1994), vainqueur de la Coupe de France (1993, 1996, 1997) et de la Coupe d'Europe (1996), la seule remportée par la formation parisienne à ce jour. Désormais, Sarkozy va au stade en famille. Ses trois fils, Louis, Jean et Pierre, sont de fidèles supporters. Le Parc, c'est son jardin.

En attendant une éventuelle consécration sportive sur la scène européenne, chaque match à domicile est l'occasion pour lui de tester sa popularité. En tribune, Sarkozy croise des journalistes (rarement), des chefs d'entreprise (très souvent), d'anciens ministres comme Éric Besson (parfois) et des adversaires politiques (occasionnellement) tels Manuel Valls ou Anne Hidalgo. On se prend le pouls, on se jauge, on échange quelques amabilités. Fin 2012, il bavarde avec le député socialiste de

1. Rencontre avec les auteurs, 9 septembre 2014.

l'Essonne, Malek Boutih. De bonne humeur, l'ex-président se fait taquin. « *Les socialistes, ils ne sont pas mauvais. Ils sont nuls !* » lâche-t-il en ricanant. Commentaire de l'élu PS : « *Je n'ai pas vu quelqu'un à la retraite. Je suis persuadé qu'il va revenir. S'il veut, il y arrivera. Personne à droite n'est à sa hauteur*[1]. »

Fin 2013, le bruit court que Sarkozy, las de la politique, se verrait bien, pourquoi pas, prendre la tête du club. Une hypothèse que l'intéressé, l'air dédaigneux, balaie devant nous d'un revers de main. « *Ça m'a fait rire. Comment penser une chose pareille ? J'ai tous les avantages du président du PSG et aucun des inconvénients. Par ailleurs, je suis très ami avec Nasser, que j'aime beaucoup. Qu'est-ce que vous voulez que j'aille faire comme président du PSG ? Une folie*[2] *!* » Un autre challenge l'attend, mais il ne le formule pas encore. Il rêve déjà d'un retour gagnant rue du Faubourg-Saint-Honoré : à l'Élysée.

Et maintenant, la natation

À l'approche de ses 60 ans, le 28 janvier 2015, la pratique du sport est devenue quasi obsessionnelle chez lui.

Tout le monde sait déjà qu'il court presque chaque jour, une heure environ, de préférence au parc Monceau, à quelques centaines de mètres de son bureau. Dans le quartier, qui ne l'a pas aperçu

1. Entretien avec l'un des auteurs, 9 octobre 2012.
2. Rencontre avec les auteurs, 6 janvier 2014.

une fois au moins en short, transpirant, escorté par ses officiers de sécurité ? Rien de bien neuf, il pratique le jogging depuis des années pour se maintenir en forme et évacuer le stress.

Mais, depuis peu, il s'est aussi mis à la natation. « *Au moins deux fois par semaine* », confie-t-il. Il garde soigneusement secrète l'adresse de la piscine où il s'exerce. Histoire, peut-être, d'éviter que des photos de lui en maillot de bain – voire avec un bonnet et des lunettes sur la tête ? – atterrissent dans la presse people.

L'été, au cap Nègre, il enfourche son vélo pour des randonnées sans fin au cœur du massif des Maures. Son parcours préféré : le col du Canadel, à proximité du village varois de La Môle. En 2013, il s'est attaqué pour la première fois au col de Babaou, sur la commune de Collobrières. Neuf kilomètres de grimpette, avec vue imprenable sur la forêt de chênes-lièges et d'arbousiers. « *Une somptuosité*, raconte-t-il volontiers. *Au début, il y a des gens qui me dépassent, mais après… Tous les jours, je parcours entre 50 et 55 kilomètres, dont 25 kilomètres de montée. Je m'ennuie sur le plat*[1]. » On avait remarqué.

Le président « *des frites* »

Outre sa séance quotidienne de sport, Sarkozy ne boit pas, ne fume pas (sauf parfois le cigare). Il se

1. Rencontre avec les auteurs, 7 avril 2014.

couche tôt. Et pense que tous les hommes politiques devraient faire de même. Par respect pour leur corps, mais aussi pour leurs électeurs.

Souvent brocardé durant son mandat pour son attitude jugée désinvolte et ses mauvaises manières, il se prévaut au contraire de renvoyer une image digne de la fonction qu'il a exercée. Professe qu'être toujours bien vêtu et en bonne forme physique est une nécessité absolue pour diriger le pays.

Un peu maniaque, il traque, l'air écœuré, les fautes de goût chez ses rivaux, qu'ils soient de droite ou de gauche. Un jour, il peste contre le costume mal coupé de Manuel Valls et ses lentilles de contact qui lui donnent un air « *illuminé* ». Un autre, il brocarde Marine Le Pen, sa corpulence, sa gouaille et sa « *vulgarité* ». Mais celui qu'il a évidemment dans le viseur, c'est François Hollande. En privé, tout y passe : ses kilos en trop, son goût trop prononcé à ses yeux pour la bonne chère, sa réticence à faire un minimum d'exercice, ses cravates de travers, ses costumes chiffonnés, ses lunettes pleines de taches. Ouf !

Lorsqu'il l'accompagne en Afrique du Sud en décembre 2013 pour les obsèques de Nelson Mandela, il est stupéfait de voir son successeur habillé de la même manière pendant une grande partie du voyage. « *Il ne pouvait pas avoir un costume de rechange, non ? C'est un problème, quand même*[1]. » Bref, il ne le trouve pas très net. « *Il est mal fagoté. Il mange des frites. Quand on fait un métier public, il*

1. Rencontre avec les auteurs, 7 avril 2014.

faut faire attention. Moi, je suis très gourmand, j'ai tendance à grossir, mais vous m'avez toujours vu faire du sport. Je ne prends pas de dessert. Quand même, le corps du président, ça compte ! Faut être propre, faut être élégant, impeccable[1]. »

Nicolas Sarkozy n'a pas fini de s'ériger en arbitre des élégances…

1. Rencontre avec les auteurs, 7 avril 2014.

Chapitre X

Le Gayetgate

« J'espère qu'il ne s'est pas mis dans une situation compliquée »

10 janvier 2014. La France entière se jette sur *Closer*. Nicolas Sarkozy aussi. L'ancien président tourne et retourne les pages du magazine people, écroulé de rire devant les photos de François Hollande, casque intégral sur la tête, juché sur un scooter à trois roues qui avait fait dire un jour au socialiste Vincent Peillon qu'il ressemblait à celui d'un « *livreur de pizza* ». « *On est ridicules dans le monde entier avec cette affaire ! Hollande, c'est le président ridicule !* » se gausse-t-il. Un vaudeville dont le théâtre est une garçonnière située au 20, rue du Cirque – ça ne s'invente pas –, à deux pas de l'Élysée et un petit kilomètre de son bureau de la rue de Miromesnil. « *Lamentable* », « *minable* », lâche Sarkozy. Tout, dans cette affaire, le laisse coi, des risques pris par son successeur en matière de sécurité à cet appartement prêté au couple illégitime par l'ex-femme de Michel Ferracci, comédien aux relations controversées avec… le grand banditisme corse. La vie conjugale du président « *normal* » vient d'exploser en vol.

Ce naufrage people au plus haut sommet de l'État, Nicolas Sarkozy l'a vu venir. Il était même aux premières loges. Un mois plus tôt précisément, il assiste à l'hommage à Mandela à Soweto en Afrique du Sud, aux côtés de François Hollande et Valérie Trierweiler. Courtoisie républicaine oblige, le président l'a convié, un peu contraint et forcé, dans la délégation officielle. Effaré mais goguenard, Sarkozy ne rate pas une miette du spectacle des conseillers de l'Élysée courant dans tous les sens, désorganisés. « *J'ai vu un stress, une tension... Ils ne savaient pas comment faire avec moi*[1] », se souvient-il, moqueur. Et que dire de Hollande qui peine à retrouver son Falcon 7X, pourtant garé derrière lui sur le tarmac ? L'ancien président en reste interdit.

Il rapporte aussi cette anecdote, inédite. « *Je suis resté trois ou quatre heures avec lui, trajet en voiture compris. Il a essayé d'être drôle, de faire des petites blagues, de détendre l'atmosphère. À un moment, je lui ai parlé de Bernadette Chirac, de son canton de Corrèze, qui allait être supprimé au redécoupage...* », entame Sarkozy, qui garde des liens privilégiés avec celle qu'il considère encore comme sa « *bonne fée* ». Face à Hollande, il décide de venir au secours de Bernadette, en délicatesse avec le pouvoir socialiste.

Dans le cadre d'une loi de mai 2013, le nombre de cantons doit être divisé par deux pour renforcer la parité dans les conseils généraux. Et le gouvernement, grands ciseaux en mains, a fait disparaître

1. Rencontre avec les auteurs, 6 janvier 2014.

celui de Mme Chirac en Corrèze, au nord de Tulle, ville d'élection du président.

L'ancienne Première dame se lance alors dans une croisade pour sauver son fief, dont elle est l'élue depuis 1979, crie qu'on veut enterrer Jacques Chirac avant l'heure et ne se prive pas de rappeler que son mari a soutenu Hollande en 2012, contre son avis. Elle obtient un rendez-vous avec Manuel Valls, encore ministre de l'Intérieur. Puis un entretien avec François Hollande, à qui elle soumet sa propre carte. Sans succès. À Soweto, Sarkozy tente donc une ultime médiation en sa faveur auprès de Hollande. La réaction hilare du président le laisse bouche bée : « *Je lui ai dit : "C'est une vieille dame quand même, avec son passé." Il a éclaté de rire. Ça m'a scotché*[1]... »

Mais ce qui le frappe plus encore ce jour-là, c'est la tension, le froid polaire entre Hollande et Trierweiler. Le président marche dix pas devant sa compagne, s'en occupe à peine. Et la journaliste de *Paris Match*, que Sarkozy connaît du temps où elle travaillait au service politique du magazine, ne décroche pas un mot. Elle semble ailleurs, visage fermé, perdue dans ses pensées, cachée sous un chapeau noir à large bord qui inspirera aux sarkozystes cette méchante blague : « *Il y avait trois présidents à Soweto, Hollande, Sarkozy et... Mitterrand !* »

Entre le président et la *first girlfriend*, le climat est plus que pesant. Hollande semble presque soulagé que l'intarissable Sarkozy soit assis à ses côtés

1. Rencontre avec les auteurs, 6 janvier 2014.

dans les gradins du stade de Soccer City pour la cérémonie. Installée un siège plus loin, Trierweiler scrute le vide, sourcils froncés. « *Hollande, je lui ai rendu service ce jour-là* [1] », assure Sarkozy. Car il lui a épargné la corvée d'avoir à entretenir une conversation avec sa ténébreuse compagne. Et il s'est chargé à sa place de la présenter aux chefs d'État étrangers. Le président ne lui en saura pas vraiment gré. « *Vous vous rendez compte, à Soweto, Sarkozy ne m'a parlé que d'argent ! Il est totalement obsédé par ça* », racontera-t-il ensuite à la presse. En rentrant, l'ancien président, lui, a tout de suite appelé Carla pour lui raconter la scène dans les moindres détails : « *Tu peux pas savoir…* »

« *Sotte et prétentieuse* »

« La Rottweiler », comme la surnomment les mauvaises langues à l'UMP, il ne la porte pas dans son cœur. « *Il la trouve méchante et odieuse* », raconte une de ses amies. « *Je l'ai toujours trouvée sotte et prétentieuse. Ce n'était pas une très bonne journaliste politique. Et pas une très bonne journaliste culturelle non plus* [2] », lâche Nicolas Sarkozy devant nous.

Et pourtant, en Afrique du Sud, il s'est surpris à avoir de la compassion pour elle. Si elle a eu tant

1. Rencontre avec des journalistes, dont l'un des auteurs, 30 janvier 2014.

2. Rencontre avec des journalistes, dont l'un des auteurs, 30 janvier 2014.

de mal à se couler dans les habits de la Première dame, pense-t-il, c'est d'abord la faute de François Hollande, qui ne veut pas se marier, tenant mordicus à sa liberté. À quel titre bénéficie-t-elle d'un cabinet à l'Élysée, de conseillers et d'officiers de sécurité ? Quelle est donc sa légitimité ? Dans l'esprit de Sarkozy, les choses sont claires : pas de mariage, pas de cabinet à l'Élysée !

« *La pauvre, elle me fait plutôt de la peine. Elle est dans une situation épouvantable. Je ne comprends pas ce qu'il fait. Soit il la marie, et dans ce cas-là il l'installe. Soit il ne la marie pas, très bien, mais il ne lui installe pas un cabinet*[1] », s'étonne-t-il en rappelant qu'il avait mis, lui, un point d'honneur à régulariser rapidement sa situation avec Carla. En février 2008, trois mois après leur rencontre dans un dîner chez le publicitaire Jacques Séguéla, il l'avait épousée à l'Élysée pour éviter une polémique sur l'utilisation des deniers publics.

« *Il a le droit d'aimer le scooter* »

Son rival socialiste avait promis une « *République exemplaire* ». « *Il ne reste rien de ses : "Moi président". Rien !* » s'exclame Sarkozy, qui n'a toujours pas digéré les « *leçons de morale* » que lui a infligées la gauche quand il a divorcé et refait sa vie avec Carla Bruni. « *J'aurais fait ça, moi, j'aurais été… On m'a traité de fou, on m'a traité d'Hitler, de voyou. On ne*

1. Rencontre avec les auteurs, 6 janvier 2014.

peut pas dire que j'ai été ménagé quand Cécilia est partie[1] », se remémore-t-il, les dents serrées.

Il a encore en travers de la gorge les ricanements qui avaient suivi l'annonce de son mariage avec la chanteuse et top-model, avec cette tirade restée dans les annales : « *Vous l'avez compris, c'est du sérieux.* » Lui président, il n'avait pas menti aux Français sur sa situation personnelle ! Lui président, il avait fait les choses dans les règles de l'art en passant devant le maire ! Lui président, il n'y avait pas eu de paparazzade à l'heure des croissants !

« *Je ne voulais pas de photos volées, pas de moments glauques, donc je préférais annoncer les choses. Pas glauques pour moi, mais glauques pour elle. C'est ma conception, peut-être démodée. Mais je l'avais fait parce que c'était la vérité. En matière d'amour, on ne peut pas mentir*[2] », expose-t-il, pas mécontent de voir son rival atterrir à son tour dans les pages people. Et d'ajouter, sourire aux lèvres : « *Il a le droit d'aimer le scooter.* »

En ces heures maudites où le scandale éclate, c'est la stupeur à l'Élysée. Jusqu'au bout, Hollande a refusé de croire la rumeur insistante qui courait dans les rédactions parisiennes depuis plusieurs jours : un journal people s'apprêtait, entendait-on, à publier des photos de sa liaison avec l'actrice Julie Gayet. Ce bruit avait évidemment fait son chemin jusqu'à Sarkozy, toujours friand d'anecdotes croustillantes. « *Nicolas, c'est une commère !* » rigole un de

1. Rencontre avec les auteurs, 6 janvier 2014.

2. Rencontre avec des journalistes, dont l'un des auteurs, 30 janvier 2014.

ses vieux amis. Quelques semaines plus tôt, l'ex-président s'était déjà régalé en regardant le « Grand Journal » de Canal +, où Julie Gayet et l'humoriste Stéphane Guillon étaient invités pour assurer la promotion du film *Les Âmes de papier*. En plateau, le comique pouffe. Et finit par « outer » l'actrice devant des millions de Français. « *Le président aime le film. Sa femme, beaucoup moins* », s'étouffe-t-il de rire. Gros plan sur le visage de Gayet, blême…

« *La séquence de Canal +, c'est quelque chose*[1] *!* » se délecte Sarkozy quelques heures avant que la bombe *Closer* éclate. « *Il est comme ça, Hollande, il croit en sa bonne étoile. Il est un peu éthéré. Chaque journée qui passe où il ne s'écroule pas, c'est une journée de gagnée. Pour sa vie privée, c'est pareil. Je prie pour lui pour que ça dure.* » Et d'ajouter, l'air faussement navré : « *J'espère qu'il ne s'est pas mis dans une situation compliquée…* »

L'ex-président s'est toujours piqué de curiosité pour la vie privée des politiques et des VIP. Celle de François Hollande, en particulier, l'a toujours intrigué. Comme peut en témoigner ce petit groupe de journalistes, dont les auteurs, reçu un matin de juillet 2011 pour un petit déjeuner dans un salon de l'Élysée, alors qu'il est encore chef de l'État. Dominique Strauss-Kahn vient de ruiner ses chances d'être candidat à la présidentielle dans la suite 2806 du Sofitel de New York. Et l'improbable se produit : Hollande, le « Monsieur 3 % » des sondages, se retrouve en pole position pour devenir le candidat

1. Rencontre avec les auteurs, 6 janvier 2014.

du PS en 2012. Devant ses hôtes, entre le café et les viennoiseries, Sarkozy ne peut s'empêcher de ressortir de vieux dossiers sur son futur adversaire. Dont cette interview que l'ancien patron du PS a accordée au magazine people *Gala* en octobre 2010, pour officialiser sa relation avec Trierweiler. Une phrase a marqué les esprits. Hollande, qui a rompu officiellement en 2007 avec Ségolène Royal, présente sa nouvelle compagne comme « *la femme de* [s]*a vie* ».

« *La femme de sa vie ! C'est quand même curieux de dire ça, non ? Il a quatre enfants avec Ségolène Royal. Ce n'est pas d'une grande élégance* », réprouve Sarkozy à l'époque. Jamais, assène-t-il, il n'aurait dit une chose pareille pour ne pas blesser Cécilia, la mère de son fils Louis, ou Marie [1], celle de Pierre et Jean. Il lève les yeux au ciel. « *Je ne sais pas ce qu'ils ont dans la tête, les socialistes. Je ne comprends pas...* » Pour lui, les choses sont claires, les électeurs, et surtout les électrices, ne laisseront pas passer cette muflerie. « *Je crois à l'électorat féminin sur un certain nombre de choses qui tiennent à des valeurs profondes, à l'attitude qu'on a avec sa femme dans le divorce* », explique-t-il à l'époque. Il ne sait pas à quel point ses propos sont visionnaires.

Les Sarkoboys dans le viseur

Confronté à l'une des plus graves crises de son quinquennat déjà sérieusement embourbé, François

1. Marie-Dominique Culioli est la première femme de Nicolas Sarkozy.

Hollande s'interroge. Qui a pu le balancer à *Closer* ? À l'Élysée, la paranoïa s'installe. Faut-il voir dans ces photos volées la main de réseaux policiers sarkozystes, toujours actifs en coulisse ? Auraient-ils tuyauté les paparazzis sur les discrètes escapades du président rue du Cirque ? Après tout, les officiers de sécurité de Nicolas Sarkozy passent encore tous les matins récupérer sa liasse de journaux au kiosque situé à l'angle de l'Élysée, à deux pas de la garçonnière. Le chef de l'État sait que son prédécesseur suit ses moindres faits et gestes à la trace et a encore ses « taupes » à l'intérieur même du palais. « *Il y a quand même une fuite quelque part, ce n'est pas le fruit du hasard. Quelqu'un a bavé. Est-ce que ce sont des réseaux policiers ou des gens de notre camp ?* » vitupère un fidèle du président.

Rapidement, les soupçons socialistes se portent sur l'hypersarkozyste Pierre Charon. Le truculent sénateur UMP, grand bavard devant l'Éternel et proche des milieux policiers, est connu pour écumer les dîners en ville à l'affût de quelques gauloiseries. Leur autre suspect, c'est Michel Gaudin, l'ancien préfet de police de Paris, dont Sarkozy a fait son directeur de cabinet rue de Miromesnil. Des suspicions qui resteront sans suite.

Mais pour les proches de Hollande, les sarkozystes n'en sont pas à leur coup d'essai ! Ils les suspectent d'avoir déjà organisé des fuites sur la vie privée du président. Quelques semaines plus tôt, un petit écho avait ainsi été publié dans *Closer* sur l'un des trois fils de Valérie Trierweiler. Le jeune homme avait été interpellé pour détention de cannabis à Saint-Ouen, supermarché de la drogue à ciel ouvert en proche banlieue de Paris. Sans aucune suite judiciaire. Pendant la campagne présidentielle, les sarkozystes avaient aussi pris un malin plaisir à faire fuiter dans les médias qu'un fils Trierweiler avait été pris en flagrant délit en train de s'allumer un joint devant son lycée.

Prudent, François Hollande avait donc fait le ménage après son élection chez les gardes du corps du GSPR à l'Élysée, pour nettoyer le service des éléments supposés sarkozystes. Faut-il donc voir dans l'affaire Julie Gayet un complot, une manipulation politique ? L'encore ministre de l'Intérieur Manuel Valls a son idée sur le sujet. À son immense agacement, certains hollandais l'ont suspecté, lui aussi, à tort, d'avoir tendu un piège au président pour être candidat à sa place en 2017. Le futur Premier ministre l'assure alors devant plusieurs de ses proches : « *Il n'y a pas eu de complot sarkozyste.* »

Deux semaines plus tard, le communiqué lapidaire de Hollande tombe sur le fil AFP. Dix-huit mots pour congédier celle qui a passé vingt mois à ses côtés à l'Élysée. « *Je fais savoir que j'ai mis fin à la vie commune que je partageais avec Valérie Trierweiler.* »

« *Quelle goujaterie, ça en dit long sur le personnage !* » souffle Sarkozy, intimement persuadé que cette scabreuse affaire causera le plus grand tort à son rival, surtout dans l'électorat féminin. « *Les femmes, je sais ce qu'elles en pensent*[1]... »

1. Rencontre avec des journalistes, dont l'un des auteurs, 30 janvier 2014.

L'ancien locataire de l'Élysée a une théorie sur le sujet : les Français toléreraient les histoires d'amour, mais n'aimeraient pas les coucheries. « *En France, on a vu ça avec l'affaire Mazarine. Tout ce qui est de l'amour sincère, les Français adorent. Danielle Mitterrand et Anne Pingeot, ça ne posait pas de problème, car Mitterrand aimait sa fille. Pour Carla et moi, en deux mois c'était réglé. Mais là, prendre un appartement à côté de l'Élysée pour tromper sa copine, bah... Sortir avec un casque intégral, bah... Et reprendre Mme Royal au gouvernement, qui commence à faire connerie sur connerie, franchement*[1] *!* »

Des mois plus tard, à l'été 2014, alors que la presse people bruit d'une possible officialisation de la liaison entre Hollande et Gayet, Sarkozy enverra une savoureuse petite « carte postale » à son ennemi en apparaissant à la une de *Paris Match* – où officie encore Trierweiler – conduisant un scooter dans le Var, sans casque, avec Carla enlacée tout contre lui. Il achèvera devant ses proches : « *Moi aussi, je fais du scooter, mais pas pour aller voir ma maîtresse !* »

1. Rencontre avec les auteurs, 7 avril 2014.

Chapitre XI

La chute de la « secte » Buisson

« Ce type est fou, incontrôlable »

Longtemps, Nicolas Sarkozy a défendu envers et contre tous le glaçant Patrick Buisson, objet de tous les fantasmes. Son surnom : « Fantômas », à cause de sa calvitie et de son air impénétrable. Les ténors de l'UMP et piliers de l'Élysée qui ont assisté à des réunions stratégiques en sa présence se souviennent du visage de Sarkozy. Captivé. Hypnotisé. Gourou-tisé ? *« Quand Buisson prenait la parole, il ne la lâchait pas. Il imposait sa façon de voir les choses. Il avait une vraie emprise sur Nicolas. C'était troublant…* », raconte un ancien ministre.

Buisson a, il faut bien le dire, un CV chargé. Vieux compagnon de la droite extrême, il fut intime de Jean-Marie Le Pen, patron des rédactions de *Minute* puis de *Valeurs actuelles*. Historien passionné, il ne cache pas sa fascination pour la période de l'Occupation, au point d'avoir rédigé un ouvrage sur la sexualité des Français sous le régime de Vichy [1]. Les téléspectateurs se souviennent peut-être aussi de l'émission qu'il animait sur LCI avec Michel Field, « Politiquement Show ».

---

1. *1940-1945 années érotiques. L'Occupation intime*, Patrick Buisson, Albin Michel, 2011.

Avec Sarkozy, le coup de foudre intellectuel remonte à 2004. Brillant agitateur de concepts, oracle des sondages, Buisson pronostique devant lui, avec un an d'avance, que Jacques Chirac perdra le référendum sur la Constitution européenne. Il prédit le score exact : non à 55 %. Sarkozy est conquis par ce « génie visionnaire ». Le début d'une longue collaboration.

L'ancien président reste convaincu qu'il doit sa victoire de 2007 à la campagne inspirée par Buisson, entre transgression droitière (le ministère de l'Identité nationale) et hold-up idéologique à gauche (Léon Blum et Jean Jaurès). Il saura s'en souvenir. Le 24 septembre 2007, tout juste élu, il le fera chevalier de la Légion d'honneur à l'Élysée, avec ces mots venus droit du cœur : « *Patrick est celui à qui je dois plus qu'à tout autre.* »

Voilà comment cet adepte de Charles Maurras s'est imposé comme le stratège le plus influent du dernier quinquennat, puis l'inspirateur en chef de la campagne ultradroitière de 2012. Les diatribes sur la « *vague migratoire incontrôlée* », c'est lui. La sortie choc du candidat UMP sur Marine Le Pen « *compatible avec la République* », c'est lui. Le clip avec le mot « douane », écrit en langue arabe sur un panneau rouge et blanc, encore lui. Patrick Buisson est l'hémisphère droit de Nicolas Sarkozy.

Malgré sa défaite, l'ancien président ne regrette rien. Mieux, il est persuadé que Buisson n'est pas passé loin de le faire réélire. « *J'ai failli gagner, il ne manquait pas grand-chose. Si j'avais fait campagne au centre, je n'aurais pas été au second tour* », ressasse-t-il, soulagé de ne pas avoir été humilié avec son score de 48,5 %. À l'écouter, ce n'est pas parce qu'il a fait fuir les électeurs centristes qu'il a perdu. Non. C'est parce que Marine Le Pen a appelé à voter blanc.

Sur le papier, la stratégie Buisson a pourtant échoué à siphonner l'extrême droite. En 2012, la cheffe du FN a récolté 18 % et 6,5 millions de voix. Cinq ans avant, son père était tombé à 10,5 % et 3,8 millions. Buisson n'en démord pas : « *On a fait reculer le FN.* » Sans ses conseils, se targue-t-il, la vague Bleu Marine aurait été plus haute que cela. « *Au contraire. Ce qui marche contre le FN, c'est lorsqu'on dresse un barrage* », récuse le chiraquien François Baroin, qui ne porte pas le « gourou » et ses fidèles dans son cœur. Leurs ennemis leur ont trouvé un petit nom : « la Secte ».

2013 : la théorie de l'Apocalypse

Huit mois après sa défaite, l'ancien président se fait des cheveux blancs. Avec la réforme sur le mariage et l'adoption pour les couples homosexuels, il craint que le PS ne mette le feu au pays ou ne déclenche une révolution. C'est ce que lui murmure à l'oreille Patrick Buisson, qu'il reçoit encore à cette époque. François Hollande a promis d'apaiser le pays. Nicolas Sarkozy l'accuse de faire monter la tension, regardant défiler sur son écran de télévision les manifestations monstres des anti-mariage gay.

Plus frileux qu'on ne l'imagine face à la rue, il a toujours vu les Français comme un peuple « *éruptif* » et « *violent* ». « *Ils ont coupé la tête de ce bon Louis XVI* », répétait-il quand il était en fonction, avec un peu d'inquiétude dans le regard.

Pourfendeur de l'« *idéologie soixante-huitarde* », il surveille quand même du coin de l'œil le mouvement naissant autour de la « Manif pour tous », sorte de Tea Party à la française. Alors que la mobilisation bat son plein, ses leaders Frigide Barjot et Xavier Bongibault sont reçus au « 77 » par l'ex-préfet de police de Paris, Michel Gaudin. Ils croisent l'ancien président, qui les salue. Du temps où il était encore à l'Élysée, Béatrice Bourges, l'autre égérie des anti-mariage gay, avait été faite chevalier de la Légion d'honneur sur le quota réservé au ministre du Commerce et de l'Artisanat, Hervé Novelli… passé dans sa jeunesse par les rangs du groupuscule d'extrême droite Occident.

Sarkozy a toujours eu, qui plus est, un rapport compliqué à l'homosexualité. Très au fait des coucheries parisiennes, il se régale des rumeurs, fondées ou non, sur les préférences sexuelles supposées des responsables politiques. « *Tu sais qu'Untel en est ?* » lui lance un jour un responsable UMP, hilare, colportant une médisance qui poursuit un ancien membre éminent du gouvernement Fillon, dont nous tairons le nom. « *Rohh, pas possible ? Il a des enfants !* » se marre Sarkozy, la bouche en cœur.

Le mariage gay, pourtant, ne le gêne pas plus que cela. En 2007, il avait promis une « union civile », qu'il n'a jamais fait voter. Mais il reste hostile à l'ouverture du droit à l'adoption et à la procréation pour les couples de même sexe. Pas question de froisser les « cathos », gros bastion électoral de la droite. Croyant, Sarkozy a rencontré à trois reprises le pape Benoît XVI. En octobre 2010, il a même accordé à Buisson, adepte de la messe en latin, le privilège rare de l'accompagner au Vatican.

Un épisode, méconnu, est révélateur de l'importance que l'ancien président accorde à la religion, objet de l'un de ses livres [1]. Lorsque Benoît XVI décide d'abdiquer, Sarkozy se met en tête de rédiger une longue lettre au Saint Père pour lui dire tout le bien qu'il pense de son pontificat. Afin d'écrire cette missive, il sollicite l'aide de son ancienne plume à l'Élysée, Camille Pascal. Un proche de Patrick Buisson, toujours lui. Le courrier ne sera jamais adressé à Rome.

Quand Buisson lui propose de se confier à l'hebdomadaire de droite *Valeurs actuelles*, Sarkozy hésite. Le contexte est porteur. Et il brûle de rendre la monnaie de sa pièce à son successeur, qui vient de lâcher l'une de ses fameuses petites blagues. À un enfant qui lui confiait au Salon de l'agriculture n'avoir « *jamais vu Sarkozy* », le président Hollande a répliqué, goguenard : « *Ah bah, tu le verras plus !* » Sarkozy a tordu le nez. De là à renouer avec les médias, qu'il vomit par tous les pores de la peau… Il les pense « *complices* », les accuse de « *rouler* » pour le Parti socialiste.

1. *La République, les religions, l'espérance*, entretiens avec Thibaud Collin et Philippe Verdin, Cerf, 2004.

Mais voilà, les journalistes, pour lui, c'est comme une boîte de chocolats. Il ne résiste jamais longtemps. Les retrouvailles débutent toujours par un tombereau de critiques, avant les cajoleries, une fois le fauve assagi. Il s'est toujours rêvé rédacteur en chef d'un grand journal, n'hésitant pas du coup à jouer du téléphone... Il décide donc de faire confiance à Buisson. Avec *Valeurs actuelles*, qu'il considère comme son canal officiel, le « off » sera suffisamment respecté pour ne pas le mettre en difficulté. Du moins le pense-t-il.

Rendez-vous est pris à déjeuner le 25 février 2013 à son bureau. Buisson et Pascal, qui tient une tribune dans le magazine, sont aussi conviés. Et, quelques jours plus tard, *Valeurs* annonce un joli scoop : les premières confessions de l'ex-président depuis son départ !

Au « 77 », on s'étrangle en découvrant l'article. Particulièrement ce passage gratiné où Sarkozy philosophe sur la traçabilité comparée des steaks hachés et... des enfants de couples gays. « *Quand on pense que le sujet du moment, c'est la traçabilité du bifteck. Tout le monde veut savoir s'il y a du cheval dans ce qu'on mange*, entame-t-il. *Mais la traçabilité des enfants, qu'est-ce qu'on en fait ? C'est tout de même plus important. Avec leur mariage pour tous, la procréation médicalement assistée, la gestation pour autrui, bientôt ils vont se mettre à quatre pour avoir un enfant ! Et le petit, plus tard, quand il demandera qui sont ses parents, on lui répondra : "Désolé, il n'y a pas de traçabilité" !* » Un autre extrait critique sur l'intervention militaire au Mali fera, on l'a vu, froncer les sourcils de sa garde rapprochée.

Parti se reposer au Maroc, Sarkozy passe des coups de fil pour mesurer l'ampleur des dégâts. Que s'est-il passé ? C'est Buisson qui aurait suggéré de griller le « off », laissant entendre que l'ancien président, comme souvent, n'y verrait pas d'inconvénient. De fait, il n'est pas si mécontent de cette « carte postale » adressée à l'Élysée.

Pour les ennemis de Buisson, c'est trop ! Depuis 2012, une guerre larvée oppose les adeptes de la « secte » au nouvel entourage de Sarkozy, bien plus modéré. Quand elle découvre la une de *Valeurs actuelles*, Nathalie Kosciusko-Morizet le somme de cesser toute relation avec son mauvais génie et ses deux protégés du courant de la Droite forte, Guillaume Peltier et Geoffroy Didier. NKM déteste Buisson, qui avait réclamé sa tête pendant la campagne, jugeant la porte-parole du candidat trop bourgeoise et timorée. Après la défaite, elle ne se gênera pas pour raconter les coulisses des réunions où le stratège se livrait, selon elle, à « *des plaisanteries douteuses sur la Seconde Guerre mondiale* ». Elle lui trouvera même un petit surnom carabiné : « Gestapette ». « *Les flics ont dû trouver des culottes de cuir chez lui !* » ricanera-t-elle quand le domicile et les bureaux de Buisson seront perquisitionnés dans l'affaire des sondages payés à prix d'or par l'Élysée à sa société de conseil, Publifact. Bien décidée à ne jamais revivre cette campagne nauséabonde, NKM prévient : « *Je ne me tape pas le Buisson de 2012 une deuxième fois !* »

Le conseiller en stratégie Pierre Giacometti a, lui aussi, souvent croisé le fer avec Buisson lors des réunions au sommet autour du président, puis du candidat. L'ancien sondeur d'Ipsos, qui s'est mis à son compte en fondant son cabinet de conseil Giacometti Péron & Associés, concocte en coulisse depuis 2012 le retour de Sarkozy.

François Baroin, enfin, dont le combat contre l'extrême droite est la colonne vertébrale, a toujours jugé Buisson « *néfaste* » et « *mortifère* ».

Mais Sarkozy ne veut pas d'ennuis. Après l'incident de la vraie-fausse interview à *Valeurs*, il réunit ses collaborateurs pour les mettre en garde : « *Écoutez, je ne veux pas que vous entriez en guerre contre Patrick. Ce n'est pas le gourou qu'on prétend, mais ce type est fou, incontrôlable, il faut le ménager.* » Entre eux, quelque chose est cassé. Le froid s'installe. Il s'est senti manipulé.

Pourtant, il ne coupe pas les ponts. Il se laisse encore bercer d'illusions par Buisson. En ce printemps 2013 de descente aux enfers pour François Hollande, il piaffe, tel un étalon dans son box. Son imagination galope. « *Le pouvoir socialiste est en train de s'effondrer sur lui-même* », assène l'ancien chef de l'État aux élus qui se pressent dans son bureau, agitant sous leurs yeux les sondages où son successeur dégringole. Il est inquiet, leur dit-il, pour la France. L'énorme mobilisation contre le mariage gay a pour lui de faux airs de juin 1984, quand deux millions de manifestants avaient fait reculer le gouvernement de Pierre Mauroy sur le collège unique, avec le soutien de la droite et des milieux catholiques. Le chômage bat des records. *« 1 500 chômeurs de plus par jour ! »* brandit-il. Et les impôts explosent. Il redoute que la France ne soit entrée dans un cercle vicieux où les rentrées fiscales s'effondrent et les comptes publics dérapent. Ce que les économistes appellent la « courbe de Laffer ». En langage populaire : trop d'impôt tue l'impôt.

« Je vais peut-être être obligé de revenir »

Un jour d'avril 2013, alors qu'il déjeune avec des députés UMP à la questure de l'Assemblée, dont ses vieux copains Philippe Briand et Renaud Muselier, le voilà qui expose sa théorie des *« trois crises »*. La France, leur explique-t-il, traverserait une crise économique telle qu'elle pourrait se retrouver bientôt dans la situation de l'Italie, de l'Espagne et de la Grèce. Une crise sociale ensuite, avec une diminution du pouvoir d'achat, notamment pour les retraités, et la courbe du chômage qui ne cesse de grimper. Une crise morale, enfin, avec une flambée d'homophobie et le rejet des politiques alimenté par l'affaire Cahuzac.

« T'aurais dû dire à Carla que Hollande c'est pas un pingouin, c'est un manchot ! » rigole Briand pour alléger l'atmosphère. Sarkozy se garde de rebondir, mais sourit franchement. Autour de la table, tous ont compris qu'il est dans les starting-blocks. *« C'est la fusée Ariane, il est sur le pas de tir. Il attend une fenêtre pour se lancer. Il a envie, il veut prendre sa*

revanche et s'en aller la tête haute », confie Briand après les agapes.

Mais ce qui irrite surtout Sarkozy, c'est le manque d'autorité de Hollande, sa façon de laisser toutes les portes ouvertes et de trancher au dernier moment. L'affaire de la nationalisation avortée de l'usine ArcelorMittal de Florange l'a stupéfait. Arnaud Montebourg avait été sèchement désavoué par Jean-Marc Ayrault dans ce dossier. Fin mars, Sarkozy tombe de l'armoire en ouvrant le *JDD*. Dans une longue interview, l'ancien Premier ministre reconnaît que oui, son ministre du Redressement productif l'a insulté sans être viré, lui crachant à la figure : « *Tu fais chier la terre entière avec ton aéroport de Notre-Dame-des-Landes dont tout le monde se fout. Tu gères la France comme le conseil municipal de Nantes*[1] *!* » « *Hallucinant* », siffle Sarkozy. Certes, lui aussi a connu des couacs, mais il a « *tapé du poing sur la table* ». « *Un pays sans chef, sans direction, ça ne peut pas marcher* », tranche-t-il.

À l'UMP, déjà, on rêve à voix haute de dissolution de l'Assemblée. « *Hollande est nul, vraiment nul* », peste l'ex-président. Au téléphone, un an seulement après sa défaite, ses proches le trouvent dans un état d'effervescence rare. La situation du pays est trop grave, songe-t-il, il va falloir accélérer. « *Tu as vu ce qui se passe ? Tu as vu ça ? On n'est pas à l'abri d'un retour ! Je vais peut-être être obligé de revenir, je n'écarte rien* », lance-t-il à l'un de ses interlocuteurs. « *Il ne parle plus du tout de son retour au*

1. *Florange, la tragédie de la gauche*, Valérie Astruc et Elsa Freyssenet, Plon, 2013.

conditionnel, mais au futur et beaucoup plus rapidement que prévu. Il se prépare en cas de crise institutionnelle », confie alors un ancien conseiller de l'Élysée. Dans le secret de son cabinet, Nicolas Sarkozy commence à monter « *une petite équipe* » pour préparer son come-back. Il sonde ses anciens collaborateurs : « *Si j'y retourne, t'en es ?* »

Sarkozy parie que tout peut arriver. Il doit donc se tenir prêt. Au cas où. C'est Buisson, encore lui, qui lui souffle que Hollande peut dissoudre l'Assemblée, voire démissionner sans achever son mandat. « *Sarko pense que Hollande va dissoudre, que la droite va gagner les élections législatives qui suivront et refuser de gouverner. Ce qui obligerait Hollande à remettre son mandat en jeu en organisant une élection présidentielle anticipée* », raconte à l'époque un fidèle sarkozyste. On connaît la suite…

2014 : l'espion qui l'aimait trop

C'est *Le Point* qui allume la mèche. En février 2014, le magazine publie un petit écho qui va faire grand bruit : Buisson aurait espionné Sarkozy en enregistrant des heures de réunions confidentielles à l'Élysée et pendant la campagne, sur un dictaphone caché au revers de sa veste.

Catastrophe. Pendant son quinquennat, l'ancien président a reçu des dizaines de fois, le soir venu, ses « spin doctors » dans le salon vert de l'Élysée. Autour de la table, il y avait Buisson, Giacometti, l'ex-publicitaire Jean-Michel Goudard, le conseiller en communication Franck Louvrier, le secrétaire général du palais Xavier Musca, les « plumes » Henri Guaino et Camille Pascal. Pendant la campagne, le « cerveau » Emmanuelle Mignon et la porte-parole NKM se joindront à ces rencontres. Le week-end, tout ce petit monde retrouvait le candidat, et parfois Carla, à la Lanterne près de Versailles. On discutait image, stratégie, sondages, éventuellement affaires sensibles.

Quand l'affaire des enregistrements éclate, Buisson commence par démentir, joue les outragés. Non, il n'a espionné personne ! Il menace de porter plainte contre *Le Point*. Rue de Miromesnil, on attend de pied ferme qu'il s'exécute pour prouver sa bonne foi. Il n'en fera rien. Sarkozy, alerté depuis plusieurs semaines déjà, veut en avoir le cœur net. En voyage à Singapour, il dégaine son portable. La conversation est rapide, sèche. Buisson nie en bloc. Sarkozy prévient : « *Si c'est vrai, on ne se verra plus jamais !* »

La publication, quelques jours plus tard, d'extraits des bandes dans *Le Canard enchaîné* et sur le site Atlantico achève de le convaincre qu'il a été berné. « *Ce type est fou* », souffle-t-il. Guaino, éternel rival de Buisson, rêve de lui « *casser la gueule* ». Le stratège droitier a beau répéter qu'il n'avait aucune intention malveillante, que ces enregistrements n'étaient qu'un outil de travail pour alimenter le président en notes, le mal est fait. « *T'as vu, on ne peut pas faire confiance* », lâche Sarkozy, abattu. Il y a plus grave. Il en a conscience, ces bandes pirates sont une bombe à retardement. Qui sait ce qu'on pourra découvrir dessus... Sarkozy dégoisant sur la terre entière, comme au temps du « *Casse-toi alors, pauvre con* » ? Des secrets d'État ? Des révélations dans l'affaire Bygmalion ? Et si la justice mettait la main dessus ?

Inquiet, il charge discrètement Michel Gaudin et Brice Hortefeux d'activer leurs réseaux policiers pour suivre ces maudites cassettes à la trace. Mais, au fond de lui, il est meurtri par cette félonie. Pas ses amis, soulagés de voir Buisson « *retourner dans son appentis d'extrême droite* », selon le mot d'un de ses plus virulents détracteurs. Baroin achève : « *Débarrassés, tant mieux !* »

« La secte » au tapis

« *Imaginez que Patrick Buisson ait en sa possession un enregistrement où on entend Nicolas Sarkozy dire en 2012 à Jérôme Lavrilleux : "Jérôme, faites ce qu'il faut pour les comptes de campagne, débrouillez-vous." Est-ce que cet enregistrement existe ? Est-ce que cette conversation a jamais eu lieu ? C'est ce que Sarko doit craindre le plus, plus que toutes les autres affaires ! Ce serait une bombe* », transpire à grosses gouttes un dirigeant de l'UMP. Fantasme ou réalité ? L'ancien président nie mordicus avoir jamais été informé que ses dépenses de campagne de 2012 explosaient et qu'elles étaient maquillées par des conventions bidon facturées au parti par la société Bygmalion.

Sarkozy ne l'avouera jamais, mais il a peur de Buisson. L'éminence a fait passer des messages, prévenu qu'il ne fallait pas trop le chercher, qu'il avait encore des munitions en réserve… Combien d'heures de réunions secrètes a-t-il pu enregistrer ? Plus de deux cent quatre-vingt, comme l'affirme *Le Canard enchaîné* ? Et qui prend un malin plaisir à les transmettre aux médias ? C'est ce que redoute la Sarkozie : que ces bandes fuitent à point nommé, avec leur lot de petites phrases assassines et de révélations potentiellement ravageuses.

Une anecdote est révélatrice de l'emprise psychologique de l'ex-stratège et de la crainte qu'il inspire encore à son ancien client. Le 14 mars 2014, l'homme au dictaphone qui se déclenchait tout seul – c'est ce qu'a plaidé son avocat Gilles-William Goldanel – est condamné à verser à Nicolas et Carla Sarkozy 10 000 euros chacun pour atteinte à la vie privée. Après le verdict, l'avocat de Carla appelle celui de Buisson : « *Mme Sarkozy veut le chèque, et elle le veut maintenant !* »

L'ex-Première dame a été choquée par les extraits diffusés par la presse, dans lesquels Buisson dresse d'elle un portrait peu flatteur. Sur l'une des bandes, on entend le « gourou » converser en voiture avec un autre conseiller, Jean-Michel Goudard, au retour d'une réunion confidentielle avec le président à la Lanterne, où Carla était présente. Et les deux hommes ont peu goûté ses interventions.

Quand son avocat l'informe des desiderata de « *Mme Sarkozy* », Buisson ne se démonte pas. Il appelle rue de Miromesnil. « *Dites au président que j'arrive. J'ai les deux chèques. Prévenez à l'entrée, car il y a beaucoup de journalistes devant…* », susurre-t-il, aigre-doux. Panique au « 77 ». Et si quelqu'un apercevait dans la rue le sulfureux conseiller, celui par qui le scandale arrive ? Le bureau de Sarkozy le rappelle quelques minutes plus tard : « *Laissez tomber. Oubliez cette histoire de chèques, on n'en parle plus !* » L'affaire, pour l'heure, en reste là. C'est dire si Buisson fait encore trembler l'ancien chef de l'État.

Le maurrassien n'est pas seul dans sa chute. Le fait a été peu relevé, mais Jérôme Lavrilleux en était très proche. Lavrilleux, le porte-flingue de Jean-François Copé, l'ancien directeur adjoint de la campagne de 2012, l'homme aux aveux larmoyants de l'affaire Bygmalion. Avec Buisson, il partageait une passion commune pour l'histoire de France. Les deux hommes s'appelaient au moins une fois par jour. C'est Lavrilleux qui avait mis Copé en contact avec Buisson, qui n'était pourtant pas trop le genre de beauté de l'ancien patron de l'UMP.

Guillaume Peltier est aussi un « bébé Buisson ». C'est d'ailleurs son surnom. Le jeune co-leader de la Droite forte, patron de la société de sondages Com +1, passé dans ses jeunes années par le Front national et le Mouvement pour la France de Philippe de Villiers, verra son domicile personnel du Loir-et-Cher perquisitionné en juin 2014, en plein scandale Bygmalion. Objet de l'enquête : des sondages supposément facturés à des collectivités sans appel d'offres. « La secte » serait-elle à terre ? Pour ses contempteurs, elle a fait un mal considérable à Sarkozy. Un ancien conseiller de l'Élysée enrage : « *Tout ça, c'est le système Buisson, c'est la secte Buisson. Ils l'ont planté sur le plan moral comme sur le plan financier !* »

Tout cela n'est qu'un apéritif comparé à ce qui va suivre…

Chapitre XII

Sur écoutes

« Moi, le chef de l'opposition… »

Au début 2014, la tension monte brusquement d'un cran entre François Hollande et Nicolas Sarkozy. L'affaire Julie Gayet est passée par là. Dans les allées du pouvoir, beaucoup suspectent les sarkozystes d'avoir alimenté ce mauvais feuilleton, qui a dynamité l'image du chef de l'État. La révélation du placement sur écoutes judiciaires de l'ancien président, convaincu que l'Élysée tire les ficelles, va encore envenimer les choses.

Entre eux, la haine est à son comble. Ils se cherchent. Ils se toisent. Ils se scrutent. En coulisse, la bagarre politique a repris de plus belle. Oubliées, les belles images complices de Soweto. Un tissu d'hypocrisie. Présente ce jour-là, Valérie Trierweiler a eu tout le loisir de les observer. Elle confie alors à l'un des auteurs : « *Ce sont deux grands fauves qui se reniflent.* »

Quelques heures après ces funèbres retrouvailles sud-africaines, François Hollande s'envole pour le Brésil et la Guyane. Devant les journalistes qui le pressent de questions sur Sarkozy, il se fait patelin, prudent. Bien sûr qu'il voit que son ex-concurrent a des fourmis dans les pattes. Mais non, il ne veut pas anticiper la suite, instruit par les surprises du passé. Depuis l'affaire DSK, il est bien placé pour savoir que le favori des sondages peut s'effondrer comme un château de cartes.

« *Est-ce que Sarkozy va être ou non candidat ? Ma réponse, c'est que ce sont les circonstances qui font qu'il y a, à un moment, une candidature. Et rien ne se déroule comme c'est prévu. Qui aurait pu penser qu'en 2012 ça se passe avec les candidats qui ont finalement été en lice*[1] *?* »

Sa conférence de presse du 14 janvier 2014, où cet homme si pudique est sommé de s'expliquer sur ses virées en scooter, est un festival de vacheries sur « *l'autre* », comme il dit, sans jamais le citer.

L'ombre de Sarkozy plane sur la salle des fêtes de l'Élysée. Tout est prétexte à l'étriller. La dette de la France ? « *S'il suffisait d'être de gauche pour creuser les déficits, alors ceux qui m'ont précédé sont d'extrême gauche !* » vitupère le président. Et d'achever, visage fermé : « *Est-ce qu'il y a eu un progrès social majeur de 2007 à 2012 pour qu'on en arrive là ?* »

Voilà Nicolas Sarkozy habillé pour l'hiver. « *C'était carton plein* », sourit Manuel Valls après coup. L'encore ministre de l'Intérieur l'avoue, lui aussi : « *Ils se regardent.* »

---

1. Rencontre avec la presse en marge d'un déplacement en Guyane, 13 décembre 2013.

« *On imaginait pas un tel fiasco* »

L'ancien président n'est pas en reste. Il trouve, évidemment, que son successeur fait tout de travers. Sur le fond comme sur la forme. Il a regardé, à l'instar de millions de Français, ses vœux télévisés pour la nouvelle année le 31 décembre. Et les a jugés vieillots, dignes de l'ORTF avec ce fond vert qui donnait l'impression que le président était en lévitation au-dessus de la cour de l'Élysée. Un petit loupé qui sera imputé à son conseiller et ami Claude Sérillon. « *Hollande fait ce qu'il peut*[1] », souffle Sarkozy, champion catégorie poids lourds de la communication.

Il ne manque jamais une occasion de railler les audiences « *pourries* » de son rival, c'est son péché mignon, et se plaît à remarquer qu'il a perdu un million de téléspectateurs d'une année sur l'autre. Quant à la grand-messe du 14 janvier… « *Les conférences de presse, je n'y crois plus du tout* », professe-t-il. Lui aussi s'était livré à cet exercice quand il était président de la République, en janvier 2008. On n'avait retenu que deux phrases : « *Avec Carla, c'est du sérieux* » et « *les caisses sont vides* ». On ne l'y avait pas repris. Les conférences de presse, il trouve ça démodé. Pour lui, cela revient à parler aux journalistes, pas aux Français.

Ah, les journalistes… Il leur en veut toujours à mort. Ce sont eux, pense-t-il, qui ont propulsé Hollande au sommet de l'État en passant sous

1. Rencontre avec les auteurs, 6 janvier 2014.

silence sa véritable personnalité, quand lui se sentait chaque jour passé au scanner. « *C'est la complicité de la presse. Les questions n'ont pas été posées. Rien que sur son opération* [1] », relève-t-il en allusion à la résection bénigne de la prostate que le socialiste a subie au début 2011. Elle ne sera révélée au grand public qu'en décembre 2013.

Les municipales de mars 2014 approchent à grands pas. Sarkozy prédit une Bérézina à la gauche. « *Je crains des violences. La situation économique est épouvantable, la situation sociale, très tendue. Quand, dans un pays, vous ne vendez plus une voiture, vous ne construisez plus un logement, quand les investisseurs étrangers se détournent, c'est que ça va très mal. Tout ça risque de finir très mal* [2] », soupire-t-il encore et encore.

Mais ce marasme n'est pas forcément pour déplaire à ses partisans, qui se voient déjà de retour à l'Élysée : « *Même dans nos rêves les plus fous, on n'imaginait pas un tel fiasco !* » L'ancien président accélère, l'air de rien, ses apparitions. C'est l'époque des fameuses « cartes postales ». Un jour, on l'aperçoit dans un concert de Carla, bisant des fans aux cheveux blancs et signant des autographes. Un autre, en Charente-Maritime, pour décorer le maire de Châtelaillon. Ce 30 janvier, loin des caméras, il n'y va pas par quatre chemins devant les élus charentais réunis à huis clos. Il leur livre cette confidence, un peu inquiet qu'un micro traîne dans la

1. Rencontre avec les auteurs, 6 janvier 2014.

2. Rencontre avec des journalistes, dont l'un des auteurs, 30 janvier 2014.

salle : « *Il n'y a pas de journalistes ? C'est sûr ? Non mais enfin, il y a quand même des iPhone ? Non ? Bon, sauf grandes difficultés, et je ne les souhaite pas, vous m'obligerez à revenir ! Les socialistes, ils ne sont pas mauvais, ils sont très mauvais !* » Le public, trié sur le volet, exulte. Devant les journalistes qui le suivent dans le train, il enchaîne. Le Pacte de responsabilité annoncé par le président pour pousser les patrons à embaucher, en échange d'une baisse des cotisations de 30 milliards d'euros, il n'y croit pas. « *Vous avez vu quelque chose, vous ? Vous me dites qu'il y a des baisses de charges patronales, mais où*[1] *?* »

Et il y a ces sondages, qu'il dévore toujours.

Mi-février, une enquête CSA le donne plébiscité par son camp : 68 % des sympathisants UMP souhaitent qu'il porte leurs couleurs en 2017. Ses challengers sont loin derrière. Alain Juppé et François Fillon plafonnent à 9 %. Sarkozy savoure. « *Le peuple de droite m'attend* », songe-t-il, occultant le reste de l'enquête, moins flatteuse, qui montre que ses traits d'image n'ont pas évolué dans l'opinion. Les Français sont toujours 61 % à le juger pas rassurant, 65 % pas proche de leurs préoccupations et 70 % pas honnête.

Si ses proches répètent qu'il a changé, le pays est encore loin d'adhérer à cette idée. C'est dans ce contexte qu'une nouvelle bombe éclate…

1. Rencontre avec des journalistes, dont l'un des auteurs, 30 janvier 2014.

« Branché »

Le 4 mars 2014, Nicolas Sarkozy apprend que son avocat, Thierry Herzog, a été perquisitionné dans le cadre d'une enquête pour trafic d'influence et violation du secret de l'instruction. Un autre homme, dont le nom est encore inconnu des Français, voit son domicile et ses bureaux passés au peigne fin. Il s'appelle Gilbert Azibert. Il est avocat général près de la Cour de cassation. La justice soupçonne Sarkozy et Herzog d'avoir promis à ce haut magistrat une retraite dorée à Monaco en échange de discrètes informations sur la procédure Bettencourt. L'ex-président comprend que ses soupçons étaient fondés : il est forcément sur écoutes.

Trois jours plus tard, *Le Monde* confirme sa crainte en dégainant un scoop digne d'un roman d'espionnage, qui va faire trembler la République. Le quotidien du soir révèle que Sarkozy et ses deux anciens ministres de l'Intérieur, Claude Guéant et Brice Hortefeux, sont « branchés », comme on dit dans le milieu judiciaire, depuis six mois dans le cadre d'une autre affaire, celle du présumé financement occulte de la campagne de 2007 par le clan Kadhafi. Et, au cours de ces longs mois d'écoutes, selon le principe du filet dérivant, les enquêteurs ont entendu beaucoup, beaucoup de choses. Notamment d'étranges discussions concernant le fameux Gilbert Azibert. Ils suspectent un trafic d'influence.

L'ex-président avait pourtant pris ses précautions en achetant sous le manteau un second portable, sous le faux nom un peu grotesque de Paul Bismuth, pour discuter, sans peur d'être espionné, avec son avocat. Mais les enquêteurs ont vite découvert la combine et « branché » ce second téléphone.

Un ancien président sur écoutes depuis six mois, c'est du jamais-vu sous la Ve République. Quand il réalise que ses doutes étaient avérés, Sarkozy lâche les chiens.

Consigne est passée aux siens de tirer à vue sur la garde des Sceaux, Christiane Taubira, en réclamant sa démission. Gêné aux entournures, le gouvernement s'emmêle méchamment les crayons. Sur le plateau du journal télévisé de TF1, le 10 mars, la ministre de la Justice s'embrouille dans ses explications. « *Je n'avais pas l'information* », jure-t-elle, en assurant avoir tout appris en ouvrant *Le Monde*.

Le Premier ministre, Jean-Marc Ayrault, la contredit sèchement le lendemain sur France 2. Le gouvernement, assure-t-il, était au courant des écoutes depuis le 26 février précédent, date de l'ouverture de l'enquête pour trafic d'influence. L'Élysée, de son côté, fait savoir que François Hollande aurait été informé le 4 mars, jour des perquisitions menées chez Herzog et Azibert, soit six jours plus tard.

L'écart de date trouble. Matignon et l'Élysée ne se parleraient donc pas d'une information d'une telle importance ? Voilà le scandale qui éclabousse le pouvoir. L'affaire tombe mal, très mal, à quelques jours du premier tour des élections municipales.

Volcan en éruption

Lorsqu'il nous reçoit un mois plus tard, le Sarkozy que nous avions rencontré en janvier, affichant sa zénitude et son bonheur parfait, a bien changé. Il est fou de colère. À table, face à nous, dans la salle à manger de ses bureaux, il est comme un volcan en éruption. Les traits sont marqués, les cernes creusés, les tics nerveux de retour.

« *Il n'y a aucun autre pays où l'on accepterait une chose comme ça !* accuse-t-il. *Même pour ceux qui ne m'aiment pas, c'est une histoire de fous, quand même. Ils continuent à m'écouter. Ils ne savent plus quoi faire. Ils n'arrivent rien à trouver, donc il faut trouver des choses périphériques*[1]. » Il prend les auteurs à témoins : « *Si on vous écoute pendant des mois, on va bien trouver des conneries, non ?* » Il se sent traqué, traité comme un vulgaire bandit, un trafiquant d'armes, un terroriste. Et accuse son successeur.

Ce sont des juges d'instruction indépendants, Serge Tournaire et René Grouman, qui l'ont pourtant placé sur écoutes. Mais il se dit convaincu que les retranscriptions de ses conversations atterrissent directement sur le bureau du président à l'Élysée. Ses proches répètent en boucle que « *tout est commandité* ». « *Il est l'obsession de Hollande* », rouspète Brice Hortefeux. « *Les juges font leurs courses à l'Élysée* », vilipende Jérôme Lavrilleux, pas encore tombé en disgrâce.

1. Rencontre avec les auteurs, 7 avril 2014.

Sarkozy lui-même égrène ce qu'il pense être les preuves que le pouvoir est derrière toute cette affaire. À commencer par le fâcheux lapsus de Michel Sapin, l'ami intime du président. Sur Europe 1, la langue du ministre a fourché : « *On va continuer à s'occuper des enquêtes de Nicolas Sarkozy. Enfin... les juges vont continuer à s'occuper des enquêtes de Nicolas Sarkozy.* »

Et que dire de la nouvelle gaffe de Christiane Taubira ? La garde des Sceaux a convoqué une conférence de presse pour répondre à la droite, qui dénonce un « *Watergate à la française* ». « *Je n'ai pas d'information concernant la date, la durée et le contenu des interceptions judiciaires. Aucun procès-verbal n'est remonté à la Chancellerie* », clame-t-elle, en agitant face aux caméras deux lettres censées prouver sa bonne foi. Mémorable boulette. En zoomant sur les documents, la presse découvre qu'elle en savait plus qu'elle ne l'a dit. Certes, il ne s'agit pas d'une retranscription ni d'une synthèse d'écoutes, mais il est écrit noir sur blanc qu'il lui a été « *régulièrement rendu compte* » de l'enquête sur le présumé financement libyen. C'est la directrice de cabinet de Taubira qui aurait gaffé en ne lui transmettant pas la note du parquet, dans un magistral cafouillage. Mais le mal est fait.

« *Il y a quatre policiers qui m'écoutent en permanence* », dénonce Sarkozy. Ce qui le choque surtout, c'est que ses échanges avec sa femme, ses enfants, puissent être écoutés. Il brandit devant nous son iPhone. Carla l'a appelé quelques minutes plus tôt. « *Est-ce que je fais attention dans ma vie de tous les jours ? Quand je parle avec ma femme, je ne peux pas. C'est incroyable, ça ne choque personne*[1]*...* »

Le soutien de Carla

Cette nouvelle affaire va ulcérer Carla. L'ex-*first lady* sature. « *Elle en a marre. Elle ne comprend pas qu'il continue à pleuvoir alors qu'il n'est plus au pouvoir. Déjà qu'elle avait du mal quand il y était...* », confie un ami du couple. « *Tout ça est d'une violence énorme. Elle ne voulait plus entendre parler de politique, mais là, s'il décide de revenir, elle sera à ses côtés. Ça a complètement tourné. C'est l'overdose.* »

Au téléphone avec ses proches, la chanteuse se lâche parfois sous l'effet de la colère et insulte les « grandes oreilles » quand elle sent son portable grésiller. « *Ces connards ne savent même pas se servir de leur matériel !* » En concert à l'Olympia, elle fait rire la salle en entonnant l'une de ses chansons. « *Depuis quelques jours, je n'ose plus trop chanter. Y'a quelqu'un qui m'a dit... qu'on nous écoute !* » Son mari, au premier rang, a adoré.

Sarkozy rumine sa vengeance. Une fois encore, il songe à s'inviter à la télévision. Mais choisit finalement de prendre la plume. Il s'enferme dans son bureau pour rédiger une longue lettre aux Français de quinze pages, sortie de ses tripes. Elle est publiée dans *Le Figaro* le 20 mars. Du Sarkozy cash, pur sucre. Il met en cause Valls, Taubira, Hollande. « *La*

1. Rencontre avec les auteurs, 7 avril 2014.

ministre de la Justice n'était pas au courant, malgré tous les rapports qu'elle a demandés et reçus. Le ministre de l'Intérieur n'était pas au courant, malgré les dizaines de policiers affectés à ma seule situation. De qui se moque-t-on ? » écrit-il, outragé. Et d'évoquer des « *retranscriptions écrites dont on imagine aisément qui en sont les destinataires* ». Une allusion transparente à son successeur.

Il ose même la comparaison avec la Stasi, la police politique de l'ex-Allemagne de l'Est. « *Il avait gardé le moteur, mais là ils ont mis de l'essence* », sourit Brice Hortefeux. Il n'a échappé à personne que la publication de cette tribune intervient à trois jours des élections municipales. Un calendrier très politique. « *Ça va rebooster l'électorat UMP* », parie Sarkozy en privé, sans doute pas mécontent de griller au passage la politesse à Alain Juppé, qui s'attend à triompher dès le premier tour à Bordeaux.

« *Je fais une tribune, tout s'arrête* »

« *Le PS va se prendre une casquette !* » pronostique l'ancien président avant le scrutin, avec un certain sens de la formule. Bien vu. Au soir du second tour des municipales, la gauche entre au livre *Guinness des records* avec une débâcle historique : 155 villes perdues de plus de 9 000 habitants, dont des bastions de gauche comme Limoges. C'est pire que la claque infligée à François Mitterrand aux municipales de 1983. « *Moi président de la République, je prendrai la branlée du siècle !* » se marre un ancien conseiller de l'Élysée.

Trop heureux, Sarkozy décroche son téléphone pour féliciter les jeunes élus de l'UMP, en leur glissant parfois ce trait d'humour, un rien acide : « *Si ça ne vous dérange pas qu'on nous écoute, bien sûr…* »

Forcément, il voit dans ce résultat l'impact de sa lettre aux Français. « *Je fais une tribune, tout s'arrête* », se vante-t-il, récitant de mémoire le nombre de consultations sur le site Internet du *Figaro* et sur sa page Facebook. Il est sur un nuage, se voit comme le leader incontesté de la droite. « *Moi, le chef de l'opposition, si j'en crois les sondages*[1]… », glisse-t-il, ravi de son coup.

Plus qu'une déroute du PS, il analyse ce scrutin comme une défaite personnelle de François Hollande, un vote-sanction tourné contre le président, dont le divorce avec le pays serait, selon lui, consommé. « *Depuis 1947 et la victoire du RPF*[2], *on n'avait pas vu ça. C'est de Hollande que les gens ne veulent plus. Imaginez si j'avais eu ça…* »

Il est en colère. « *C'est un homme qui ment tout le temps. Il n'y a rien de ce qu'il dit que vous pouvez considérer comme vrai, rien. Dans sa vie personnelle comme dans sa vie professionnelle*[3]. »

À l'Élysée, le président tente de se rassurer. Plus attentif à sa cote de popularité qu'il ne veut bien

1. Rencontre avec les auteurs, 7 avril 2014.
2. Rassemblement du peuple français, fondé par le général de Gaulle.
3. Rencontre avec les auteurs, 7 avril 2014.

l'avouer, Hollande compulse les sondages pour voir si son prédécesseur a plongé après les municipales ratées de 2008. « *Tu sais combien Sarkozy a pris après sa défaite aux municipales ? Moins 9 ! Moi j'ai pris moins 7* », lance-t-il à l'un de ses ministres.

Lucide sur ce fiasco électoral, François Hollande va se résoudre à remanier de fond en comble son gouvernement. Le 31 mars, Jean-Marc Ayrault est remercié. Manuel Valls s'installe à Matignon. Nicolas Sarkozy, à qui on a si souvent comparé le fringant maire d'Évry (Essonne), n'en pense pas que du bien…

Chapitre XIII

Un clone nommé Manuel

« Valls candidat ? N'importe quoi ! »

Ne dites pas à Nicolas Sarkozy que Manuel Valls marche dans ses traces, ça l'agace. Longtemps, il a eu de l'estime pour cet ambitieux revendiqué, catalogué comme le vilain petit canard droitier du PS, le « Tony Blair » de la rue de Solférino. En 2003, un débat télévisé les avait opposés, tout en politesses échangées. « *J'apprécie Manuel Valls, et puis il est d'accord avec tout ce que je fais, mais pas avec le gouvernement dans lequel je suis !* » vante alors le ministre de l'Intérieur Sarkozy face au député-maire d'Évry, de sept ans plus jeune que lui.

Élu président en 2007, il avait tenté de le débaucher au nom de l'ouverture, lui chuchotant des mots doux. « *Cinq à dix ans dans l'opposition, c'est long. Avec moi, tu seras ministre.* » Valls s'était bien gardé de rejoindre les prises de guerre du gouvernement Fillon : Bernard Kouchner, Éric Besson, Martin Hirsch ou Jean-Pierre Jouyet, le meilleur ami de Hollande devenu son secrétaire général à l'Élysée.

Dix ans après Sarkozy, Valls enfile à son tour en mai 2012 l'uniforme convoité du « premier flic de

France ». Et applique les mêmes recettes. Déplacements tous azimuts à grands coups de gyrophare et de sirène deux-tons devant les caméras, communication savamment huilée, fermeté affichée. Mais, très vite, il se démarque de son illustre prédécesseur, éreinte son bilan. « *La droite a échoué sur la sécurité* », tonne le nouveau locataire de Beauvau dès sa prise de fonctions.

Sarkozy, qui se vantait d'avoir « *tué le job de ministre de l'Intérieur pour dix ans* », n'entend pas laisser faire. Avec Christiane Taubira, Valls devient la cible favorite de l'UMP. Sarkozy vivant, il ne sera pas dit qu'un autre fera mieux à ce poste ! Il se méfie de l'impétueux socialiste, à qui la presse le compare volontiers. Même fougue, même détermination, même volontarisme, mêmes coups de menton. Un penchant partagé, aussi, pour la transgression, l'un citant Blum et Jaurès, l'autre rêvant de déverrouiller les 35 heures et de rebaptiser le PS. Un même côté glamour, enfin. Le couple que forme Valls avec la violoniste Anne Gravoin a remplacé sous les sunlights les inséparables Nicolas et Cécilia Sarkozy de l'époque Beauvau, avant leur divorce.

Les deux hommes ont un ami commun, ça aide : le criminologue et franc-maçon Alain Bauer, ancien grand maître du Grand Orient de France. Parrain du deuxième fils de Manuel Valls, il fut le « Monsieur Sécurité » de l'ancien président et a gardé le contact avec lui. Mais, pour Nicolas Sarkozy, les similitudes s'arrêtent là. Il ne voit en Valls qu'une bulle médiatique et sondagière. « *Il y a une différence fondamentale entre lui et moi : il n'a aucun résultat* », étrille-t-il en petit comité. « *Valls, c'est un champion de la com* », approuve son directeur de cabinet, Michel Gaudin, ancien haut responsable policier.

Marionnette

La promotion de Manuel Valls à Matignon, après la gifle des municipales de 2014, ne change rien à ce jugement sévère. Nicolas Sarkozy est convaincu que le nouveau Premier ministre, tout sémillant et opiniâtre soit-il, ne réussira pas là où Jean-Marc Ayrault a échoué. Car, à ses yeux, le patron, celui qui tire les ficelles, c'est François Hollande. Et Manuel Valls ne serait qu'un pion entre ses mains, une marionnette sans marges de manœuvre, chargé d'appliquer une politique qu'il n'a pas choisie, entravé, qui plus est, par une majorité rétive et turbulente au Parlement.

« *La seule chose que Hollande sait faire, c'est prendre ses ministres dans sa main et les tuer*[1] », tranche Sarkozy quand on l'interroge sur son dynamique cadet, promis aux plus hautes fonctions. Valls a pourtant réussi là où il a échoué : soucieux de contenir l'ambition de Sarkozy, qui le défiait ouvertement, Jacques Chirac a toujours refusé de lui donner les clés de Matignon.

Sarkozy n'a pas compris, du reste, la décision de Hollande de chambarder tout son gouvernement

1. Rencontre avec des journalistes, dont l'un des auteurs, 30 janvier 2014.

après le fiasco des municipales, alors qu'une autre catastrophe se profilait aux européennes. Lui président, il aurait patienté avant de procéder à ce remaniement. C'est ce qu'il avait fait en 2008, après la déroute de l'UMP aux municipales, retouchant à la marge le gouvernement Fillon.

« *Je suis tout à fait réservé sur la stratégie de Hollande. Dans deux mois, il y a des élections européennes. S'il prend une claque, qu'est-ce qu'il fait ? Ce n'est quand même pas un petit sujet*[1] », s'étonne-t-il lorsqu'il nous reçoit à déjeuner, huit jours après le déménagement de Valls rue de Varenne. « *C'est toujours une folie de dire : "Je ne change pas sur le fond, mais je change les hommes." Les hommes, ça dure deux jours. Il fallait changer d'orientation, dire qu'il gardait la vieille équipe et qu'il la changeait après les européennes.* »

Il est particulièrement remonté contre Valls sur l'affaire des écoutes de ses téléphones portables. Lui qui connaît les arcanes de la maison Beauvau ne peut croire un instant que l'ex-ministre socialiste de l'Intérieur n'était pas informé que ses conversations étaient décortiquées par des officiers de police judiciaire.

Le 2 mars 2014, cinq jours avant que le scandale des écoutes éclate, ces deux supporters invétérés se croisent dans la tribune VIP du Parc des Princes pour le match PSG-OM. L'échange est courtois. Un ministre de l'Intérieur qui convoite Matignon

1. Rencontre avec les auteurs, 7 avril 2014.

et l'Élysée et un ancien président, passé par l'Intérieur, qui a longtemps espéré Matignon sans y accéder. Destins croisés.

« *Je l'ai trouvé défait*[1] », glisse Sarkozy après coup. Mais Valls persiste et signe, il n'était pas au courant des interceptions judiciaires. Il a tout découvert, jure-t-il, dans *Le Monde* du 7 mars. Après François Hollande, donc. Et après Jean-Marc Ayrault et Christiane Taubira. Ces explications contradictoires au sommet de l'État mettront Valls hors de lui, inquiet que la polémique l'emporte par le fond et dissuade le président de le nommer à Matignon. « *Bordel et dysfonctionnement* », grommelle-t-il quelques jours avant sa promotion.

Valls pas informé des écoutes ? Sarkozy secoue la tête. « *Vous plaisantez ? J'espère qu'il savait, sinon c'est l'homme le moins informé de France ! C'est terrible pour eux, c'est leurs sujets : les droits de l'homme, l'État de droit, les avocats. Dans un autre pays, ils ne tenaient pas*[2]. »

Et si Manuel Valls était le candidat de la gauche en 2017 ? Si la faiblesse de François Hollande contraignait ce dernier à ne pas se représenter ? « *Mensonge !* » Sarkozy n'y croit pas un instant. Dans la dernière ligne droite vers la prochaine présidentielle, juge-t-il, le président actuel ne fera qu'une bouchée de tous les ambitieux. « *Ce sera Hollande. Ceux qui pensent qu'un autre a sa chance*

1. Rencontre avec les auteurs, 7 avril 2014.
2. Rencontre avec les auteurs, 7 avril 2014.

n'ont rien compris au fonctionnement des institutions[1] », balaie l'ancien chef de l'État, qui a lui-même bénéficié avant la campagne de 2012 de l'avantage institutionnel que confère la Constitution au sortant. Une partie de la droite, à l'époque, rêvait de lui imposer une primaire et avait les yeux de Chimène pour François Fillon et Alain Juppé. On sait ce qu'il en fut.

Et ne lui dites pas que Valls prend bien la lumière et lorgne discrètement sur l'Élysée. « *Vous avez déjà vu un Premier ministre qui ne se sent pas pousser des ailes*[2] *?* » objecte-t-il, rappelant le piteux précédent de Jacques Chaban-Delmas, l'ancien Premier ministre de Georges Pompidou qui avait fini troisième à la présidentielle de 1974.

Un sondage a conforté Sarkozy dans son intuition. Fin juillet 2014, une enquête Ifop choc pour *Marianne* donne Marine Le Pen en tête avec 26 % au premier tour en 2017, devant lui à 25 % et Hollande à 17 %. À la place du président, Valls ne fait pas mieux : 17 % aussi. Et Arnaud Montebourg pire : 10 % seulement. « *C'était la seule bonne nouvelle de l'été pour Hollande* », s'amuse Brice Hortefeux.

Le regard « *fuyant* » de Valls

Nicolas Sarkozy n'est pas loin de penser que Manuel Valls serait le pire candidat possible pour la

1. Rencontre avec les auteurs, 7 avril 2014.
2. Rencontre avec les auteurs, 9 septembre 2014.

gauche dans la prochaine course à l'Élysée. Il le juge trop faible dans son propre parti, avec son maigre 5,7 % récolté à la primaire socialiste de 2011. Il ne passerait peut-être pas, dit-il, la barre du premier tour. « *Valls candidat ? N'importe quoi ! Il n'est même pas majoritaire dans son camp. Moi je le suis dans le mien* », lance l'ancien président, laissant percer là une pointe de jalousie face à la cote d'amour du socialiste auprès des Français, restée longtemps au firmament. « *Sa popularité est en trompe-l'œil. Moitié à droite, moitié à gauche. Ça ne marche pas comme ça, une élection. À la limite, Taubira aurait plus de chances que lui à gauche*[1]*...* »

Bref, Valls ne serait qu'une baudruche gonflée par les médias. Sarkozy avait d'ailleurs parié qu'en acceptant Matignon il courait le risque d'être entraîné par Hollande dans les abysses des sondages. À son sujet, il prend donc l'air détaché. Feint de ne pas s'y intéresser. Sinon pour livrer ce conseil esthétique plutôt cocasse : « *Valls, il devrait porter des lunettes. Il a le regard fuyant. Ça m'a frappé sur les photos, il fait un peu illuminé*[2]. »

Le mot pourrait prêter à rire. Pourtant, au soir du coup de tonnerre des européennes du 25 mai 2014, l'étrange regard reptilien du Premier ministre à la télévision surprendra. Un petit raté de communication dû, semble-t-il, au reflet du prompteur dans ses lentilles de contact.

---

1. Rencontre avec des journalistes, dont l'un des auteurs, 30 janvier 2014.

2. Rencontre avec les auteurs, 7 avril 2014.

Sarkozy ferait-il fausse route ? Sans jamais évoquer ses propres ambitions, Manuel Valls constate, de son côté, que l'ancien président s'est toujours trompé sur ses adversaires socialistes, à force de les méjuger. Il se souvient de l'avoir entendu pérorer sur les leaders du PS, sous-estimant lourdement Ségolène Royal, qu'il n'a pas vu venir en 2007, comme François Hollande en 2012. « *Il n'a jamais cru en Hollande. Il disait : "Pas possible, il ne parle qu'aux socialistes* [1]". »

Valls, lui non plus, n'aime pas trop qu'on le compare à l'ancien hôte de l'Élysée. Attablé dans un coquet salon au premier étage de la place Beauvau, à l'aube des désastreuses municipales, l'encore ministre de l'Intérieur s'amuse qu'on lui demande s'il se voit partir à Bercy en cas de remaniement, comme l'a fait Sarkozy en 2004. « *Vous croyez que je vais tout faire comme Paul Bismuth ?* » s'exclame-t-il. Il part d'un grand éclat de rire. Et mime soudain un tic d'épaule, faisant semblant d'attraper dans un petit panier posé sur la table l'une des pâtisseries préférées de Nicolas Sarkozy : « *Tenez, regardez, je prends une chouquette !* »

Mais, plus que Valls, c'est Marine Le Pen qui mobilise une grande partie de la stratégie de l'ancien président.

1. Déjeuner avec des journalistes, dont l'un des auteurs, mars 2014.

Chapitre XIV

Marine Le Pen, l'adversaire

« *C'est une masse, elle fait hommasse* »

Nicolas Sarkozy n'a pas seulement une revanche à prendre contre François Hollande. Il rêve aussi du match retour contre Marine Le Pen. Il veut lui faire mordre la poussière.

Certes, il maudit encore François Bayrou d'avoir apporté son soutien au candidat socialiste à trois jours du second tour de la présidentielle de 2012. Un coup de poignard dans le dos. Pour autant, il ne considère pas le patron du MoDem comme son tombeur. « *Ce n'est pas François Bayrou qui m'a fait battre. Le pauvre, avec ses 8 %*[1]*, c'était le fond de cuve*[2]*...* » crucifie-t-il. Les centristes, pense-t-il, il ne les a pas fait fuir, malgré sa campagne au Kärcher. « *L'électorat de Bayrou était composé de gens engagés à gauche ou venus de l'écologie politique, car les Verts n'ont fait que 2 %*[3]*. Celui qui a rassemblé le centre, c'est moi. Je fais 48,5 % quand même. À 48,5 %, vous pensez que je n'avais que la droite avec moi ?*

1. 9,1 % en fait.
2. Rencontre avec les auteurs, 6 janvier 2014.
3. 2,3 % pour Eva Joly.

C'est absurde, les chiffres parlent », revisite-t-il après coup.

Délit de sale gueule

Non, celle qui l'a envoyé au tapis, dit-il, c'est la cheffe du FN. Entre les deux tours, elle a appelé ses électeurs à l'imiter en votant blanc. Résultat : 2,1 millions de bulletins blancs et nuls dans les urnes au soir du 6 mai 2012, trois fois plus qu'au premier tour. Un quasi-record. « *Celle qui m'a fait battre, indépendamment de la crise, c'est Marine Le Pen. Elle a appelé à voter blanc, il y a eu ces votes blancs en plus. Et j'ai perdu avec un écart de 1,5 %* », calcule-t-il. C.Q.F.D.

En petit comité, après sa défaite, il était allé jusqu'à contester la légitimité du scrutin en observant que, si le vote blanc avait été pris en compte, François Hollande n'aurait pas atteint la barre fatidique des 50 % et n'aurait pas été désigné… À ses yeux, la fille de Jean-Marie Le Pen aurait assouvi ce jour-là une vengeance personnelle et familiale. « *De son point de vue, on peut la comprendre. En 2007, je mets son père à 20 points derrière moi au premier tour. En 2012, je la distance, elle, de 10 points. Oui, Marine Le Pen m'a fait battre. Voilà, c'est la vie. On ne peut pas gagner tout le temps*[1]. »

Nicolas Sarkozy a un autre problème avec Marine Le Pen. Et il n'est pas politique. Lui qui

1. Rencontre avec les auteurs, 6 janvier 2014.

est si sourcilleux sur son apparence extérieure a du mal, beaucoup de mal, avec la présidente du Front national. Il n'aime pas son look, il n'aime pas sa gouaille, encore moins ses manières. Il lui trouve des airs… de « *déménageur* ». « *C'est une masse. Elle fait hommasse, épaisse*[1] », mime-t-il, l'air dégoûté, les épaules au carré. Vous avez dit délit de sale gueule ?

Comme toujours, il prend ses hôtes à témoin : « *Ça vous fait envie, vous ?* » À l'été 2011, devant des journalistes conviés à l'Élysée, dont les auteurs, il raillait déjà l'héritière de la dynastie Le Pen : « *C'est son père, la culture en moins*[2]. »

Au-delà de ces peu flatteuses considérations personnelles, il juge surtout son programme délirant. Sortir de l'euro ? Cela ferait mécaniquement exploser la dette, isolerait la France sur le plan européen, la placerait au ban des nations pour des décennies, admoneste-t-il. « *Ce qu'ils proposent n'a aucun sens, il n'y a rien, rien d'intelligent, rien de concret ! On sort de l'euro, on sort de Schengen, on sort de tout et on reste seul ! Qu'est-ce qu'on fait avec ça ? On va avec la Corée du Nord*[3] *?* » houspillait-il du temps de l'Élysée.

Il ne l'avoue pas, mais il considère en revanche que le FN fait mouche auprès des Français sur la question de l'islam, sur la perte des repères et des

1. Rencontre avec les auteurs, 7 avril 2014.

2. Rencontre avec des journalistes, dont les auteurs, 6 juillet 2011.

3. Rencontre avec des journalistes, dont les auteurs, 6 juillet 2011.

valeurs, sur la peur que le pays égare son identité en se fondant dans un ensemble européen sans véritables frontières. Autant de questions lancinantes dont son ex-stratège, Patrick Buisson, avait fait son miel.

Alain Juppé et Nicolas Sarkozy ont longuement évoqué la question du Front au cours d'un déjeuner en 2013. Le maire de Bordeaux en est reparti un brin inquiet : *« Sarkozy est obsédé par le FN. Il est convaincu qu'il peut y avoir une vague Bleu Marine durable. Mais je ne sais pas quelle conclusion il en tire. Faut-il aller plus loin dans les thématiques défendues par le FN ou au contraire être plus pugnace contre Marine Le Pen*[1] *? »*

Sauveur suprême

Aux élections européennes de mai 2014, *bis repetita*. Depuis plus d'un an, Sarkozy annonçait que ces élections de mi-mandat seraient une *« hécatombe »*. Qu'elles feraient trembler la République, provoqueraient des secousses institutionnelles, une crise de régime, voire une dissolution ! Le 25 mai 2014, la France devient l'Autriche de l'Europe. Le FN caracole en tête avec 25 % des voix, quatre fois plus qu'au précédent scrutin de 2009.

À 3 000 kilomètres de là, l'ancien président suit les résultats, pendu au téléphone, entre deux chansons

1. Rencontre avec des journalistes, dont l'un des auteurs, 12 juin 2013.

de Carla au Théâtre national Habima de Tel-Aviv, en Israël. Le couple a voté par procuration. Le PS boit la tasse avec un piètre 14 %, et l'UMP, gangrenée par l'affaire Bygmalion, ne se porte guère mieux, avec 21 % des suffrages. Voilà le parti de Marine Le Pen troisième force politique du pays.

Désormais, le match se jouera à trois. Avec à la clé le spectre de l'élimination du candidat du PS ou de l'UMP au premier tour de la prochaine élection présidentielle.

Un FN menaçant, une économie qui plonge, un chômage qui flambe, une UMP en charpie et un président plus bas que terre. Sarkozy ne s'en réjouit pas, loin de là, mais voilà réunis les ingrédients nécessaires à son retour. Le pays est en péril. Le sauveur, c'est lui. Moi ou le chaos, en somme. Face au clan Le Pen, l'ancien président se targue d'un atout unique dans la classe politique française : « *Le seul qui ait réussi à faire reculer le FN, c'est moi.* » L'histoire politique ne lui donne pas tort.

Encore ministre de l'Intérieur, Manuel Valls s'était lui aussi érigé en rempart en se lançant dans une tournée de soutien aux maires PS menacés par la poussée frontiste aux municipales, de Forbach à Hayange en passant par Hénin-Beaumont, Orange ou Carpentras. Sans parvenir à empêcher l'extrême droite de récupérer les clés d'une quinzaine de villes. Il n'y aura pas davantage d'« effet Valls » aux européennes après son arrivée à Matignon. « *J'ai tué le FN* », plastronnait Sarkozy en 2007, un peu vite. Mais il reste le seul à l'avoir momentanément fait reculer.

« *C'est triste à dire, mais le meilleur scénario pour Sarko se réalise. Il disait que le FN serait en tête, que l'UMP serait au plus bas et qu'il serait le rempart, l'homme providentiel. Le scénario catastrophe qui fait qu'on va vraiment avoir besoin d'un sauveur à droite se réalise* », constate, sonné, un jeune sarkozyste au soir des européennes.

François Hollande, lui, n'adhère pas à cette logique du sauveur suprême. Au cours de l'été qui suit ce naufrage électoral, le chef de l'État livre son analyse. « *Les Français ne croient pas que la politique, un homme ou une femme providentiels, puissent régler leurs problèmes. Ça en dit long sur la défiance profonde à l'égard de la capacité à changer. Moi, mon rôle, c'est de leur montrer que nous pouvons réussir*[1] », explique Hollande à quelques journalistes, dont l'un des auteurs, conviés à déjeuner à l'Élysée.

Sarkozy l'a bien compris. Il ne veut pas qu'on dise qu'il se prend pour le général de Gaulle. Il est un « *leader* », dit-il, pas un « *sauveur* ». « *Je ne me suis jamais vu comme un homme providentiel. Mais le leadership, c'est quelque chose qui compte. Dans un journal, une famille, une entreprise. On n'a jamais vu une collectivité humaine fonctionner sans leadership*[2] », expose-t-il aux auteurs à la rentrée 2014, à quelques jours de son retour.

1. Rencontre avec des journalistes, dont l'un des auteurs, 15 juillet 2014.
2. Rencontre avec les auteurs, 9 septembre 2014.

Le ticket du second tour

Dans le camp sarkozyste, on sort les calculettes. Avec 25 % aux européennes, la patronne du FN a toutes les chances de passer la barre du premier tour en 2017. Sarkozy ne cesse de le répéter : « *Elle peut être au second tour.* » « *Nous sommes en situation d'avoir Marine Le Pen comme alternative. C'est franchement à pleurer. C'est grave. Quand je pense que j'étais accusé de faire monter le Front national*[1]… », s'alarme-t-il.

Selon cette logique, le candidat qui se hissera en finale face à elle sera, sauf coup de théâtre, mécaniquement élu président. Reste à savoir qui, du PS ou de l'UMP, passera par-dessus bord… Pour Sarkozy, les choses sont claires, c'est Hollande qui sera forcément éjecté du bateau ! Un an après sa défaite, une enquête CSA lui avait donné des ailes. Elle créditait le socialiste d'un humiliant 19 %, contre 34 % pour lui et 23 % pour Le Pen. « *Les mauvais sondages de Hollande lui font un bien fou. Pour son moral, c'est mieux que du Vitascorbol !* » rigole un ex-conseiller de l'Élysée.

Mais, à trop se regarder dans le reflet de l'opinion, l'ancien président finit parfois par se voir trop beau. À la rentrée 2014, il se vante devant des élus de son score canon dans une enquête confidentielle circulant à l'UMP, qui le placerait loin en tête. *Valeurs actuelles* s'en fait l'écho, évoque le sondage « *explosif* » qui agite la droite. Problème, aucun institut n'en a entendu parler. La très sérieuse commission des sondages

1. Rencontre avec les auteurs, 9 septembre 2014.

hausse le ton. L'enquête était… bidon, elle n'a jamais existé. Miroir, mon beau miroir.

À gauche, c'est panique à bord. Manuel Valls choque en clamant que Marine Le Pen est « *aux portes du pouvoir* ». Dramatisation à outrance ? En privé, François Hollande lui-même reconnaît que le 21 avril 2002, qui l'a traumatisé, peut très bien se renouveler. « *Oui, ça s'est déjà produit. Le Pen peut être au second tour, son père l'a déjà été en 2002. Donc, on ne peut pas dire que c'est un risque, c'est une réalité* », admet-il à l'été 2014, installé autour d'une élégante table de bois sur la terrasse de l'Élysée, avec vue sur le parc et la grille du Coq. Le président s'inquiète du silence du FN, qui prospère de façon souterraine. « *L'extrême droite n'a pas besoin de s'exprimer pour être. Ce qui me frappe depuis les européennes, c'est qu'on ne les voit plus*[1]… »

Face au Front national, quelle stratégie ? À droite, beaucoup ont encore sur l'estomac les « buissonneries » de 2012 et craignent que Sarkozy ne sombre à nouveau dans les outrances droitières.

L'ex-président a appris de ses erreurs et explique qu'il veut désormais incarner la droite et le centre. Certes, il ménage Buisson, mais il ne le voit plus. C'est Pierre Giacometti qui pilote la stratégie de son retour. Et ce ne sera ni sur la ligne de 2007 ni sur celle de 2012, même s'il s'en inspire fortement.

En tant qu'ancien président, il veut « rassembler », transcender les clivages partisans, se situer au-dessus de la mêlée. Les mots gauche et droite,

---

1. Rencontre avec des journalistes, dont l'un des auteurs, 15 juillet 2014.

pense-t-il, ne veulent plus rien dire en période de crise pour les Français, qui zappent d'un parti à l'autre. Il veut s'adresser à tous ceux qui se détournent de la politique, qui n'y croient plus et voient en Marine Le Pen un exutoire à leur colère.

« *Son retour se fera sur une ligne populaire qui bouscule les clivages partisans* », promet Brice Hortefeux. Le Sarkozy nouveau se veut « *transcourant* » et adepte du référendum pour donner la parole au peuple.

Ses fidèles, c'est de bonne guerre, soupçonnent le PS de faire flamber sciemment le FN, comme François Mitterrand en son temps. François Hollande n'a-t-il pas annoncé qu'il présenterait au printemps 2016 la réforme octroyant le droit de vote aux étrangers aux élections locales… un an avant la présidentielle ? Elle n'a aucune chance de passer. Il faudrait réunir les voix des trois cinquièmes des députés et sénateurs. La droite ne lui fera jamais ce cadeau-là. Voilà un joli chiffon rouge pour le FN.

« *Un totem mort* », dit en « off » Manuel Valls, natif de Barcelone naturalisé en 1982, qui n'en veut pas. Un ancien conseiller de Nicolas Sarkozy à l'Élysée tempête, persuadé qu'il y a manœuvre : « *Le FN a aidé la gauche à arriver au pouvoir en 2012, mais il va se retourner contre eux. Soit on est François Mitterrand et on est un génie du machiavélisme, soit on joue aux apprentis sorciers et on se prend le fumigène en pleine figure !* »

Oui, mais les apprentis sorciers ne sont pas toujours du camp d'en face. À l'UMP, où l'on a joué avec Bygmalion et les millions de la campagne présidentielle de 2012, on en sait quelque chose…

Chapitre XV

L'UMP, épisode 2 : obligé de s'y recoller…

« Je n'ai rien à me reprocher, vous m'entendez, rien ! »

L'UMP, « *c'est terminé, terminé, terminé* », jure Nicolas Sarkozy début 2014. Vous vous souvenez ? Révolté par la bataille de chiffonniers entre François Fillon et Jean-François Copé, il ne veut plus entendre parler de politique partisane. Promis, juré. Son retour, il l'imagine en 2015, au plus tôt. « *Il ne va pas faire le zozo pendant trois ans, ça n'a pas de sens. Le grand intérêt de François Hollande et de la gauche, c'est de le voir le plus tôt possible au milieu de l'arène* », abonde l'un de ses stratèges. Ce joli plan de bataille va tomber à l'eau...

26 mai 2014, lendemain des élections européennes. Tout se présente sous les meilleurs auspices pour faire de Sarkozy l'incontournable recours en cas de crise institutionnelle : un FN en pleine forme, une économie au bord de l'asphyxie, une gauche en capilotade. « *La baraka fait partie de la bonne gestion* », a-t-il coutume de dire. Boum ! La grenade Bygmalion, dégoupillée depuis plusieurs mois, explose à la veille d'un bureau politique capital pour l'UMP, où Jean-François Copé joue sa peau.

Tout a commencé trois mois plus tôt, le 27 février, lorsque *Le Point* placarde en une la photo du président de l'UMP avec ce titre sans équivoque : « Sarkozy a-t-il été volé ? L'affaire Copé ». Le magazine accuse le député-maire de Meaux d'avoir fait profiter l'agence de communication Bygmalion, fondée par deux de ses amis, Bastien Millot et Guy Alvès, de la manne du parti. Le tout à coups de juteux contrats surfacturés pendant la présidentielle de 2012.

Le 15 mai suivant, *Libération* va plus loin et dénonce *« les folles factures de l'UMP »*. Le parti, accuse le quotidien, aurait réglé 20 millions d'euros à Bygmalion en 2012 pour des conventions en partie fictives. Des élus, comme le député Pierre Lellouche, découvrent qu'ils sont censés avoir animé des conférences et réunions… qui n'ont jamais eu lieu.

Ce lundi 26 mai donne lieu à une troublante mise en scène. À 17 heures, l'avocat de la société Bygmalion, Me Patrick Maisonneuve, convoque les médias. *« On parle de l'affaire Bygmalion, moi je pense que c'est l'affaire des comptes de campagne du candidat Nicolas Sarkozy »*, bombarde-t-il, renvoyant la patate chaude rue de Miromesnil. Il évoque pas moins de 11 millions d'euros de fausses factures, *« à la demande de l'UMP »*, pour couvrir les dépenses pharaoniques du candidat, qui ont explosé les plafonds légaux (22,5 millions d'euros maximum).

Onze millions d'euros ? C'est loin, très loin des 466 118 euros de dépassement dont parle la direction de l'UMP depuis que le Conseil constitutionnel a rejeté les comptes de campagne de l'ancien président, quelques mois plus tôt. L'affaire Copé devient une affaire Sarkozy.

« Bygmillions »

La conférence de presse de Patrick Maisonneuve à peine achevée, des perquisitions démarrent au siège de l'UMP, dans les locaux de Bygmalion et ceux de l'association politique de Jean-François Copé, « Génération France ».

La folle journée ne s'arrête pas là. Deux heures plus tard, tout juste rentré de Tel-Aviv, Sarkozy a à peine le temps de poser son sac qu'il assiste, éberlué, aux aveux lacrymaux de Jérôme Lavrilleux sur BFM TV.

Oui, confesse l'ancien directeur adjoint de sa campagne, les comptes ont bien été truqués pour masquer la folie des grandeurs du candidat, lancé comme un train à pleine vitesse qui en voulait toujours plus et que personne n'osait stopper. Oui, des conventions fictives ont bien été facturées par Bygmalion à l'UMP pour absorber le gouffre des dépenses. Oui, il y a bien eu un « *dérapage* », avoue l'ancien porte-flingue de Copé, député européen depuis vingt-quatre heures seulement.

Lavrilleux, livide, les larmes aux yeux, prend sur lui. « *J'ai commis l'erreur de ne pas savoir dire stop.* » Mais qui savait, à part lui ? « *Je n'en ai pas fait part à Nicolas Sarkozy ou à Jean-François Copé* », jure-t-il.

S'est-il immolé ce jour-là en place publique pour sauver Copé et lui éviter d'être condamné à quitter la tête du parti ?

Au « 77 », c'est la douche froide. « *Sarkozy n'était pas au courant, il est tombé de l'armoire !* » s'écrie sa chargée de com, Véronique Waché. « *En quoi ça me concerne ?* » s'étrangle l'ancien candidat. Il appelle illico son ex-directeur de campagne, Guillaume Lambert, devenu préfet de la Lozère, et son ex-trésorier, Philippe Briand. Il les somme de démentir en bloc.

La Sarkozie fait corps autour de son mentor. « *Il est allé à la bataille comme un champion de boxe monte sur le ring. Il ne demandait pas si la serviette éponge était rouge ou noire* », défend un hiérarque de l'UMP. Sous-entendu : ce n'était pas au candidat d'éplucher le montant des factures. « *Sarko n'a jamais su. Il disait : "Il faut d'autres meetings." Et tout le monde disait : "Oui, monsieur le président." Personne n'a jamais eu les couilles de lui dire non ! À aucun moment on ne l'a alerté. On savait que Bygmalion abusait. Ses conseillers l'ont envoyé dans le mur, c'est encore lui qui va payer ! Putain, on était bien partis...* », s'enflamme un ancien conseiller de l'Élysée, qui redoute que le scandale ne laisse, a minima, une tache morale, sinon judiciaire.

Sous couvert du plus strict anonymat, des piliers de l'aventure présidentielle retrouvent soudain la mémoire. Ils se souviennent de cette « *campagne de bras cassés* », des salles réservées à la dernière minute et à prix d'or. Certains évoquent des réunions au QG du 15, rue de la Convention, dans le XVe arrondissement de Paris, où un très proche collaborateur du président-candidat râlait face aux factures trop salées de Bygmalion. D'autres racontent que les fédérations UMP tordaient le nez en découvrant les additions mirobolantes qu'on leur présentait pour de simples locations de chaises et s'entendaient répondre : « *Ne discutez pas !* »

Truffade à Vulcania

En petit comité, Nicolas Sarkozy charge les Copéboys, Jérôme Lavrilleux et Bastien Millot, qui l'auraient, du moins c'est ce qu'il pense, volé, trompé, manipulé, trahi, siphonné, pompé jusqu'à la dernière goutte de sang. La victime, c'est lui ! « *C'est un missile de Copé, qui ne veut pas couler tout seul. Il n'a pas l'âme de Juppé, qui s'était sacrifié pour sa famille politique en prenant à la place de Chirac* », peste un ancien rouage de la campagne.

« *Tous les protagonistes sont ses proches* », rumine-t-il sous le coup de la colère. Bastien Millot, ancien directeur de cabinet de Copé à Meaux, Guy Alvès, son ancien chef de cabinet à Bercy, et Jérôme Lavrilleux font de fait partie des *happy few* qui dînaient tous les dimanches soir autour de Jean-François Copé, refaisant le monde et rêvant à voix haute d'une chevauchée vers l'Élysée. À la table, il y avait aussi Christian Jacob, le président des députés UMP, ou Grégoire Chertok, l'associé-gérant de chez Rothschild, ami intime et témoin du mariage de Copé avec Nadia d'Alincourt.

Ce que Nicolas Sarkozy ne dit pas, c'est qu'il est terriblement déçu par Lavrilleux. Dire qu'il l'avait appelé fin janvier pour le féliciter de son investiture comme candidat de l'UMP pour les européennes dans le nord de la France, face à Marine Le Pen... Il n'en revient pas de sa rocambolesque trahison télévisée.

À tout le monde il dit : « *C'est Copé qui me l'a imposé pendant la campagne !* » En vérité, il est blessé. Car il aimait beaucoup « *Jérôme* », tellement dévoué, tellement rassurant pendant cette campagne où il s'est senti très seul face au mur de la défaite. Souvent, on l'entendait demander : « *Où est Jérôme ? Sa présence me rassure.* »

Fils de garagiste assoiffé de reconnaissance sociale, Lavrilleux lui aussi parlait de Sarkozy avec des paillettes dans les yeux. Que le président de la République en exercice daigne le considérer le comblait de bonheur. Dans son bureau à l'UMP, après la défaite, Lavrilleux avait même installé un petit sanctuaire sarkozyste, où il conservait les menus des déjeuners pris à l'Élysée pendant le quinquennat et, surtout, l'écharpe verte qu'il avait portée durant toute la campagne comme un talisman. Il avait fini par la jeter à la poubelle au soir de la défaite du 6 mai. Avant de la récupérer in extremis.

Un ancien conseiller de l'Élysée, qui était au cœur du réacteur de la campagne, livre sa version. Forcément partielle et partiale. Il charge la « Copé connexion ». Chacun se renvoie la balle. La justice tranchera. « *C'est très simple, ils*[1] *n'ont pas négocié les factures avec les fournisseurs. Ils avaient 25 à 30 % de marge, plus c'était élevé, mieux c'était. Ils filaient des fausses factures à l'équipe de campagne. Et se rattrapaient en se faisant payer par l'UMP. Ils ont fait ça pendant toute la campagne. Il paraît qu'ils ont gagné 5 millions d'euros, ça ne m'étonne pas. Ils se sont mis ça dans leur poche. Cela s'est fait avec l'accord tacite de Jérôme*[2]. » Et de poser la question qui fâche : « *Est-ce que Copé savait ? Mystère. Ils se connaissaient tous, ils étaient potes, ils se voyaient tous les week-ends. Maintenant, est-ce qu'ils ont fait ça dans le dos les uns des autres ?* » L'enquête le dira peut-être…

En tout cas, Copé persiste et signe : il est innocent. Il accuse son ancien bras droit, Jérôme Lavrilleux, et le discret Guillaume Lambert. Lequel, ironie de l'histoire, ne voulait pas diriger la campagne, mais n'a pas eu le choix.

Copé a-t-il encore un avenir en politique ? Au cours de l'été 2014, il passe quelques jours avec Brice Hortefeux en Auvergne pour tenter un rapprochement. Ils sont amis. Autour d'une truffade au parc Vulcania, Copé se confie. Hortefeux comprend que son interlocuteur n'a pas renoncé à entrer dans un gouvernement si la droite revient au pouvoir. Il le ramène sur terre, lui fait comprendre que Sarkozy est toujours furibard. Copé prend l'air surpris. « *Il ne va pas te dire merci !* » réplique l'ancien ministre de l'Intérieur.

1. Bygmalion.
2. Lavrilleux.

Tout à sa stratégie de rassemblement, l'ancien président finira tout de même par convier Copé à le rencontrer, début septembre.

« Je vais peut-être être obligé d'y aller »

8 h 45, mardi 27 mai 2014, sous-sols de l'Assemblée. Jean-François Copé s'assied derrière un bureau. Seul face à ses juges, les trente membres du bureau politique de l'UMP. Comme un condamné allant à l'échafaud.

Il nie. Tente de sauver sa tête. NKM dégaine la première, exige un congrès extraordinaire. « *Tu as servi tes amis, ça se retourne contre toi !* » François Baroin, qui le déteste, enchaîne : « *Nous ne nous serrerons plus la main.* » « *Il faut que tu partes* », attaque François Fillon, trop heureux de tenir sa revanche.

Copé s'agrippe. Accepte le principe d'un congrès en octobre, promet de ne pas être candidat, mais demande à rester en poste d'ici là. « *Il faut que tu partes, maintenant* », reprend Alain Juppé. L'ancien trésorier Dominique Dord, mortifié d'être convoqué par la justice, enfonce le dernier clou sur le cercueil : « *Barre-toi !* »

11 heures : Copé lâche prise, il démissionne. L'UMP n'a plus de président. Les trois anciens Premiers ministres Jean-Pierre Raffarin, Alain Juppé et François Fillon sont chargés d'assurer la direction provisoire. « *C'était abominable, pire que Balladur-Chirac. La violence de cette réunion…* », frémit Brice Hortefeux.

Copé viré, qui va diriger le parti ? Alors que sa famille politique implose, Nicolas Sarkozy est au palais de la Zarzuela à Madrid pour rencontrer le roi Juan Carlos. Il n'a pas voulu bousculer son agenda, mais suit tout à distance dans le moindre détail. Il ne faut pas vingt-quatre heures à l'ancien président pour revoir tous ses plans. Il a compris depuis des jours que Copé allait tomber comme un fruit mûr et les regards se tourner vers lui. Rentré à Paris, il convie le lendemain quelques sénateurs à sa table. Et leur confie, surprise, qu'il va se lancer à l'assaut de l'UMP. « *Je vais peut-être être obligé d'y aller.* »

Patron du parti, ce n'était pas son objectif. Il s'en serait passé, lui qui ne voulait pas faire comme Giscard reprenant les rênes de l'UDF. Et il y a cette vie rêvée qu'il ne veut pas quitter, faite de conférences à l'étranger, où il est reçu à bras ouverts par les leaders du monde entier, les concerts de Carla, sa petite Giulia...

« *Ce n'est vraiment pas le bon timing* », maugrée-t-il. Il a tout de suite intégré que partir à la conquête de l'UMP, c'est se projeter dans la course à l'Élysée. « *C'est une équation complexe. Il aura 60 ans le 28 janvier 2015* », relève un proche.

Sarkozy est déjà passé par là. Les souvenirs remontent à sa mémoire. Ceux de sa traversée du désert après les élections européennes de 1999, quand il avait remplacé au pied levé le sanguin Philippe Séguin à la tête de la liste RPR-Démocratie libérale. Un massacre. Il était arrivé derrière la liste du PS emmenée par François Hollande et, plus humiliant encore, derrière celle des souverainistes

Charles Pasqua et Philippe de Villiers. Meurtri, Sarkozy avait pris du champ, songé à tout plaquer. « *Cécilia le poussait à partir dans le privé. Il a énormément hésité à quitter la politique. Là, ça engage sa vie personnelle, ça ressemble à cette période* », se remémore un fidèle.

Mais pourquoi courir le risque de laisser les clés de l'UMP tomber entre des mains ennemies, celles de Fillon ou Juppé, ses concurrents potentiels pour 2017 ? L'ex-président se dit qu'il n'a plus le choix. Qu'il doit précipiter son retour. D'autant que les sondages, où Juppé le rattrape, s'effritent dangereusement. Le risque d'être rayé de la carte est grand. « *Il n'y a pas de désir absolu de Sarko dans le pays. Les femmes ne se frottent pas les seins devant ses photos* », ironise une jeune pousse du parti. Ambiance.

La garde de fer sarkozyste est donc envoyée sur les ondes pour battre le rappel, sommer le « *général* » de sortir de sa retraite, créer l'illusion du désir. Non, il ne revient pas à cause de Bygmalion, mais parce que les circonstances sont « *historiques* », entonnent en chœur Nadine Morano, Claude Guéant et Brice Hortefeux, briefé par l'ancien président lui-même à la veille de son départ pour la Russie. Même Dominique de Villepin y va de son couplet : « *Il faut un chef à l'UMP. Nicolas Sarkozy fait partie des très rares qui ont aujourd'hui les capacités à rassembler la droite.* »

Mais cette équipe de chevau-légers ne fait pas encore une armée. « *Ça sent un peu le rance* », se moquent de jeunes députés. Beaucoup se demandent ce que l'ancien président va aller faire dans cette galère. Ils ne l'imaginent pas posant ses valises au 238, rue de Vaugirard pour animer les réunions des secrétaires nationaux. Certains l'ont mis en garde : « *Attention, Nicolas, si tu reviens, tu risques d'avoir les juges sur Bygmalion…* »

Mais la meilleure défense, c'est l'attaque, songe Sarkozy. Tenir le parti, c'est aussi ouvrir un parapluie au-dessus de sa tête. Comme après l'affaire Clearstream, en 2005, quand il avait repris le ministère de l'Intérieur pour avoir la main sur les services et éviter les boules puantes.

Signe de son immense colère, ceux qui l'ont croisé en ces jours maudits décrivent un homme aux traits tirés. « *Les concerts de Carla* », se défend-il mollement. Le scandale Bygmalion, qui grossit chaque jour, le mine. Dans la presse, le dépassement supposé de ses comptes de campagne enfle à vue d'œil : 11 millions d'euros, 17 millions, 18,5 millions, etc. Officiellement, il se donne l'été pour décider. Un proche décrypte : « *Il faut laisser dégorger l'affaire Bygmalion.* » S'il est tellement soucieux, c'est aussi parce qu'il a reçu un bien désagréable courrier de la justice…

En garde à vue

Les ennuis ne sont pas finis. Le 1er juillet au petit matin, un véhicule aux vitres teintées fait route vers l'office anticorruption[1] de Nanterre, dans les

1. Son nom exact est : Office central de lutte contre les infractions financières et fiscales (OCLCIFF). L'équivalent de la fameuse brigade financière parisienne, mais à compétence nationale.

Hauts-de-Seine. À son bord, l'ancien président de la République, convocation en main. Il doit être entendu dans l'enquête menée par le parquet financier sur des soupçons de trafic d'influence et de violation du secret de l'instruction. La fameuse affaire Azibert.

Ce dossier est arrivé un peu par hasard entre les mains des juges. C'est en écoutant Nicolas Sarkozy et son avocat Thierry Herzog, « branchés » depuis septembre 2013 dans le cadre d'une autre affaire, qu'ils sont tombés sur de curieuses discussions. Les deux hommes ont-ils tenté de soudoyer le magistrat de la Cour de cassation en lui faisant miroiter un poste confortable à Monaco en échange d'informations sur la procédure Bettencourt ? C'est ce que les enquêteurs veulent savoir. La veille, Herzog et Azibert ont été placés en garde à vue. Sarkozy, lui, s'attend à être entendu comme simple témoin et à rester une demi-journée.

En arrivant à Nanterre, il apprend qu'il est placé en garde à vue. Inédit en France pour un ex-chef de l'État. « *Ils ne feront jamais ça à un ancien ministre de l'Intérieur* », pensait-il. Et pourtant. Il laisse éclater sa colère. « *Vous savez qui je suis ?* » Le chemin de croix va durer près de quinze heures. Le soir même, à 2 heures du matin, il est transféré à Paris, au pôle financier du Tribunal de grande instance, et déféré devant les juges Claire Thépaut et Patricia Simon, les « *deux dames* », comme il dit. Elles lui signifient sa mise en examen pour recel de violation du secret professionnel, corruption active et trafic d'influence actif. Il risque dix ans de prison et l'inéligibilité.

Nicolas Sarkozy rentre chez lui, sonné. Il est « *choqué* » par les conditions de sa garde à vue, qu'il voit comme une « *mise en scène pour* [l]'*humilier* ». À ses proches il raconte qu'un policier l'a même escorté aux toilettes… « *Je ne l'ai pas vu comme ça depuis l'affaire Clearstream* », souffle son amie Isabelle Balkany. C'est dire. Un haut fonctionnaire policier ironise : « *À force d'être écouté, il fallait bien qu'il soit entendu !* »

Cette fois, il va parler. Au lendemain de sa spectaculaire garde à vue, il convoque Gilles Bouleau et Jean-Pierre Elkabbach à son bureau. La riposte est enregistrée dans l'après-midi dans la salle à manger du « 77 » et diffusée à 20 heures sur TF1 et Europe 1. Nicolas Sarkozy, que les Français n'ont pas vu sur leur petit écran depuis son discours de la Mutualité du 6 mai 2012, distribue les coups. Lui qui affiche une barbe de trois jours depuis sa défaite est, cette fois, rasé de près. Le « *boxeur* » est de retour, et il n'est pas content.

« *Je n'ai rien à me reprocher, vous m'entendez, rien !* » Il dénonce une « *instrumentalisation politique* » de la justice. Et peu lui chaut que François Hollande brandisse la « *présomption d'innocence* » et l'« *indépendance de la justice* ». Il se pense victime d'un complot fomenté par son successeur pour lui barrer la route.

Interrogé sur le scandale Bygmalion, il dément toute malversation. « *Je le dis à tous ceux qui m'ont soutenu, il n'y a jamais eu le moindre système de double facturation.* » Sarkozy achève, un brin menaçant, regardant la caméra bien en face : « *Je ne suis pas un homme qui se décourage devant les vilenies et les manipulations politiques.* »

À l'Élysée, on a parfaitement compris le message. « *La seule information de l'émission, c'est qu'il est candidat*[1] », commente François Hollande en petit comité. Le 14 Juillet, lors de son allocution télévisée, le président a commis un gros lapsus en parlant de Sarkozy « *prisonnier… euh présumé innocent* ».

L'imagine-t-il déjà derrière des barreaux ? Hollande éclate de rire et s'en sort par une pirouette. « *C'est moi qui suis prisonnier ici !* » plaisante-t-il en désignant autour de lui le palais présidentiel et ses couloirs feutrés.

Entre eux, le match n'a jamais cessé.

Teasing estival

Mezza voce, à droite, les langues se délient. D'aucuns se demandent si l'ancien président, dans ces conditions, ne va pas conduire tout le monde dans le mur avec lui. « *S'il se présente à l'UMP, il a neuf chances sur dix d'être élu. Il va nous mener à une catastrophe dont Marine Le Pen sera la grande gagnante. Sarkozy, c'est Berlusconi, le bunga bunga en moins…* », balance un ex-ministre.

---

1. Rencontre avec des journalistes, dont l'un des auteurs, 15 juillet 2014.

C'est mal connaître le vrai-faux retraité, jamais aussi pugnace que dans l'adversité. Entre le personnage qu'il livre en public et la façade privée, le contraste est saisissant. Aux journalistes Sarkozy susurre qu'il se laisse le « *temps de la réflexion* » avant d'annoncer s'il revient ou pas au parti. Mais dans sa tête, il n'a plus de doute. Il a même un plan bien rodé. « *Je serai candidat en septembre, et en janvier on change tout !* »

S'il reprend l'UMP, ce n'est pas pour gérer l'intendance, mais pour en faire une machine de guerre en vue de la présidentielle. Retour aux sources, là où tout a commencé le 28 novembre 2004, quand il a été investi à la tête du parti avec un score de maréchal : 85 %. Trente mois plus tard, il entrait à l'Élysée. Clin d'œil de l'histoire, le congrès extraordinaire est programmé le 29 novembre 2014, presque dix ans après jour pour jour.

Dans le secret de son bureau, en ce début d'été 2014, il consulte à tout-va pour composer son futur « gouvernement ». Il cherche un bras droit, sonde les intentions de Nathalie Kosciusko-Morizet, François Baroin ou Laurent Wauquiez : « *On va construire le parti ensemble. Tout le monde aura un rôle.* » L'ancien président, confie Baroin, l'a déjà approché auparavant pour lui proposer de briguer le poste de Copé. « *Il m'a demandé de prendre la tête du parti. Cela lui permettait de gagner un an et de partir plus tard. Fillon et Juppé me l'ont demandé aussi, Xavier Bertrand également.* » Mais Baroin n'est pas dans cet état d'esprit : « *J'ai stoppé net tout de suite.*

J'ai dit à Sarkozy : "Je n'ai pas envie de gérer les juges et un parti exsangue. Et celui qui est président de l'UMP, s'il réussit, est en situation d'être candidat en 2017. J'imagine que ce n'est pas ce que tu veux[1]*."* »

Côté idées, l'ex-président parle déjà de changer le nom du parti, de « *nouveau logiciel* », et de constituer une fédération allant du centre à la droite de l'UMP. Son but : éviter une multiplication des candidatures au premier tour de la présidentielle de 2017, face à un FN menaçant.

Il a changé d'avis aussi sur les primaires. Il en a longtemps rejeté l'idée, au motif que « *le général de Gaulle a voulu une élection à deux tours, pas à quatre* ». Le voilà qui parle désormais de primaires élargies aux autres formations de l'opposition, comme l'UDI (Union des démocrates et indépendants). Le pacte conclu entre Alain Juppé et François Bayrou a peut-être contribué à le faire évoluer. « *Juppé et Bayrou ont manifestement un accord. Sarkozy l'a compris et va embarquer Borloo ou son héritier. Chacun son centre* », décrypte un habitué du « 77 ».

De fait, Sarkozy cajole Borloo. Sacré Jean-Louis… Il l'adore, mais il n'a jamais rien compris à son fonctionnement. Quelle mouche l'a donc piqué d'aller se marier avec Bayrou à la tête de l'UDI ? « *Borloo est fait pour diriger un parti comme moi pour être moine trappiste* », rigole-t-il. Après l'hospitalisation de son ancien ministre pour une grave pneumonie, il l'a appelé, prévenant, pour lui glisser cette

1. Déjeuner avec des journalistes, dont l'un des auteurs, 8 septembre 2014.

blague : « *Tu te rends compte, t'as passé cinq ans avec Chirac, t'as pas eu un rhume. Cinq ans avec moi, t'as pas eu une grippe. Tu passes un an avec Bayrou, on a failli t'arracher un poumon !* »

Les hommages appuyés rendus à Borloo après l'annonce de sa retraite politique l'ont fait sourire. « *On verra quand j'annoncerai ma retraite, tous les gens vont parler de moi en bien, ça va être énorme*[1] *!* » Pour l'heure, il se laisse encore l'été pour se reposer, réfléchir… et convaincre Carla. Car, comme dit son ami Brice Hortefeux, « *l'été, c'est la période de tous les dangers* ».

---

1. Rencontre avec les auteurs, 7 avril 2014.

Chapitre XVI

Les blessures de Carla

« Elle m'a accompagné tous les jours pendant cinq ans »

La piscine à débordement plonge à pic dans l'océan Indien, 150 mètres plus bas. Les chambres en bois précieux d'acajou sont élégamment décorées. Dehors, le doux bruit des vagues se mêle au chant des oiseaux. Bienvenue à l'hôtel Bulgari de Bali, à la pointe sud de cette île paradisiaque de l'archipel indonésien, coincée entre Lombok et Java. C'est sur ce promontoire rocheux, au cœur des palmiers et fleurs multicolores, que les Sarkozy passent leurs dernières vacances avant le grand saut, en ce mois d'août 2014, loin des objectifs indiscrets des paparazzis. Un intermède exotique fait de footings, balades à scooter et découverte des rizières d'altitude. Quinze jours de calme et de réflexion. Bientôt, ce sera le retour à Paris, le retour vers les soucis…

Nicolas Sarkozy ne connaît pas l'endroit. Le paysage lui plaît, sans plus. Il est frappé par les touristes qu'il croise à l'hôtel, leur insouciance, leur dynamisme. Les jeunes couples venus de Chine, surtout, le captivent. « *On imagine souvent les Chinois petits, trapus. Ils faisaient tous 1,80 mètre ! Des filles sublimes, avec des tatouages à la mode. Ils parlaient tous anglais, c'était vraiment très intéressant d'échanger avec eux. C'est l'Asie. Je disais à Carla : "Regarde, c'est le monde d'aujourd'hui, c'est fantastique*[1]*."* »

À ses proches qui l'appellent de France pour sonder ses intentions, il répond qu'il se donne encore du temps, qu'il hésite. En réalité, sa décision est prise depuis belle lurette. Il reste à l'annoncer formellement à son épouse.

Pas dupe de ses ambitions, Carla caresse encore l'espoir de poursuivre cette vie plus calme, sans la pression du protocole et des caméras, à l'abri des journalistes qu'elle déteste. Au terme du séjour, pressentant l'inéluctable, elle vient aux nouvelles. Et comprend que la balance penche davantage d'un côté que de l'autre. La chanteuse est d'humeur maussade à l'idée de devoir affronter à nouveau le « cirque » médiatique. Elle râle. D'autant qu'elle souffre d'une douleur aux épaules. Une vilaine double tendinite qu'elle traîne depuis l'allaitement de sa fille Giulia et qui guérit mal. Un ami du couple décrit son état d'esprit : « *La politique lui sort par les yeux, la méchanceté, la haine… Elle se dit : "On peut vivre tranquilles." Elle a été blessée, heurtée, elle est folle de rage.* » À Paris, les sarkozystes s'inquiètent de ne toujours pas voir de fumée blanche et se demandent si l'ex-*first lady* ne va pas tout faire capoter en dissuadant son mari. L'un d'eux croit même savoir que le climat à Bali est orageux. « *Elle lui a fait une crise* », souffle un fidèle

1. Rencontre avec les auteurs, 9 septembre 2014.

de l'ancien président, l'air entendu. Carla a décidément bon dos.

Quand il découvre que certains de ses amis font de Carla le bouc émissaire de ses hésitations, Nicolas Sarkozy pique une grosse colère. Il veut la protéger. Brice Hortefeux tempère : « *C'est vrai, elle n'aime pas ce monde. Mais elle n'a pas dit à Nicolas : "C'est l'UMP ou moi." Il n'y a pas eu de chantage, ce n'est pas son style. Au final, elle a décidé de l'accompagner.* » Pour le meilleur et pour le pire.

Les contraintes du palais

Franck Louvrier, l'ex-grand manitou de la communication à l'Élysée, s'en souvient comme si c'était hier.

Lors de l'un de ses premiers déplacements à l'étranger en tant que Première dame, Carla se tourne vers lui en désignant du regard la meute des journalistes qui suit le cortège présidentiel. Effarée, elle lui lance : « *Dis-moi, Franck, ça va être tout le temps comme ça ?* » Avec le recul, Louvrier admet que le monde de la mode, bien plus feutré, n'a pas préparé l'ancien mannequin à cet immense tourbillon. « *Pour elle, la politique, c'était un autre univers. Elle a découvert la violence de la vie à l'Élysée*[1]. » Et ça ne lui a pas plu.

Très rapidement, elle ne mettra d'ailleurs quasi plus les pieds à la présidence. Sauf pour dormir de

1. Échange avec l'un des auteurs, 15 juillet 2014.

temps à autre dans les appartements privés, que le couple a fait redécorer, ou pour passer le week-end en famille et profiter du superbe parc quand le soleil fait son apparition. Elle étouffe dans l'« aile Madame » réservée aux épouses. Son bureau, installé dans le salon bleu du rez-de-chaussée, de plain-pied sur un petit jardin à la française, est presque vide. Seule amélioration qu'elle s'autorise quand elle prend possession des lieux début 2008, histoire de recevoir ses proches en toute quiétude : un changement de… tapis. Celui qu'elle a trouvé en arrivant est paré d'un superbe paon. Et c'est bien ce qui pose problème. « *Chez les Italiens, le paon est un animal qui symbolise le malheur. En entrant dans mon bureau la première fois, ma maman*[1] *a failli s'évanouir. J'ai donc demandé aux services de l'Élysée si on pouvait en dénicher un autre. Ce qui a été fait aussitôt* », raconte la Franco-Italienne tout sourire – mais sérieuse quand même – à l'un des auteurs. « *Je n'ai touché à rien d'autre* », ajoute-t-elle.

Carla s'en aperçoit rapidement, le rythme des déplacements officiels n'est pas fait pour elle. Tout est trop intense, trop corseté. Elle a à peine le temps de se consacrer à ses projets humanitaires. « *J'ai essayé de m'aménager quelques moments à moi, de rencontrer des associations. Cela n'a pas été facile. Mais quel intérêt de sauter d'une voiture à une autre, de courir toute la journée pour être bien sûre de ne pas louper le cortège. Je n'avais pas envie de jouer les potiches* », confie-t-elle encore. Elle tient aussi à ce

1. Marisa Borini.

que son mari se ménage. Et demande donc à la cellule diplomatique de ralentir un peu la cadence. « *Moi, je ne peux pas tenir ce rythme. Je leur ai dit : "Sinon, je ne viens pas* [1]*."* »

Sa décision est prise. Elle n'apparaîtra que pour les grandes occasions, comme les dîners d'État à l'Élysée, la visite à la reine d'Angleterre Élisabeth II au château de Windsor en mars 2008 ou la réception du couple Obama à Caen en 2009 pour le 65e anniversaire du Débarquement allié. Mais le président Sarkozy aime avoir son « atout charme » à ses côtés et la convainc de l'accompagner aux quatre coins du monde, en Afrique du Sud, au Brésil, en Chine, en Israël, en Inde, etc. Chaque fois, elle conserve précieusement les livrets de voyage préparés par l'Élysée, pour garder en mémoire les lieux et personnes rencontrées. Sur un petit carnet, elle consigne les endroits qu'elle a préférés pour y revenir un jour, quand il ne sera plus chef de l'État. « *Je devrais faire le guide de Carla B ! Si vous voulez prendre le thé à Windsor, allez dans telle galerie* [2]*...* », plaisante-t-elle. Elle suit à la lettre les conseils précieux des services du palais : pas de blanc en Chine, couleur de deuil, pas de noir devant la reine d'Angleterre, rester derrière son mari sur la scène. L'ex-top-model, habituée à défiler sur le *catwalk* avec les regards braqués sur elle, intègre vite les contraintes du protocole. Elle apprécie de représenter la France à l'étranger. Et se dit qu'après tout cela

1. Rencontre avec les auteurs à l'Élysée, fin janvier 2011.
2. Rencontre avec les auteurs à l'Élysée, fin janvier 2011.

ne dure qu'un temps, cinq ou dix ans au maximum, la durée d'un ou deux mandats. Lors d'une visite d'État en Espagne en avril 2009, le couple Sarkozy a fait la connaissance du prince Felipe et de la fragile princesse Letizia, montés depuis sur le trône. Devant eux, la future reine d'Espagne s'est soudain figée, le regard perdu dans le vague : « *C'est pour la vie, pour la vie, pour la vie…* »

« *Je n'ai pas les os* »

La violence de la politique, aussi, la heurte. Elle s'en ouvre volontiers. « *C'est très difficile, je n'aime pas du tout ça, ce ne sera jamais mon métier, je n'en ferai jamais. Je trouve ça très courageux, magnifique, je suis très admirative des gens qui le font, mais c'est comme la boxe, ce n'est pas mon métier. Je n'ai pas les os, je n'ai pas les dents*[1] », nous explique-t-elle à l'occasion d'une rencontre à l'Élysée.

Et il y a les rumeurs, sur son couple, sur une prétendue nouvelle grossesse. Quand elle ouvre les journaux, elle est souvent stupéfaite, désarçonnée. Comme si elle avait, selon son mot, un « *avatar* » qui porte son nom et mène sa propre vie en parallèle. Un jour qu'elle est à Paris, en plein cœur du quinquennat, une amie l'appelle d'Italie pour lui raconter que la RAI annonce sa présence en Argentine. Une autre fois, elle lit qu'on lui prête l'intention d'acheter un château.

1. Rencontre avec les auteurs à l'Élysée, fin janvier 2011.

Sa carrière de chanteuse, forcément, en pâtit. Elle doit faire une croix sur les tournées. Au printemps 2013, elle règle ses comptes dans un entretien au magazine américain *Vanity Fair.* Raconte qu'elle a été meurtrie par les moqueries sur ses rondeurs de future maman, pendant sa grossesse. « *Ils disent : "Elle est grosse." Ils sont devenus méchants. Il n'y a pas de limites.* » Elle évoque les tourments de la vie à l'Élysée. « *Le pouvoir n'est pas un plaisir. Ça vous rend vulnérable. Le pouvoir est brutal et vous devez être très structuré intérieurement pour y faire face sans partir en morceaux.* » Et pourtant, elle est prête, s'il le faut, à rempiler. « *Cela dépend tout d'abord de la France, puis de mon mari et du travail de mon mari, de la vie de mon mari. Je ne peux que le suivre.* »

Non, ce qu'elle aime, c'est passer du temps chez elle, dans son hôtel particulier de la rue Pierre-Guérin (Paris XVIe). Une maison de poupée inondée de soleil, à deux pas de la célèbre Villa Montmorency, où résident de grandes fortunes françaises. « *C'est une femme casanière, capable de passer des heures avec ses copines au téléphone, de fumer toute la journée en tee-shirt et de jouer de la guitare avec sa bande d'amis. Si par miracle son mari est réélu en 2017, elle ne changera pas sa façon de vivre d'un iota, on ne la verra pas davantage au palais* », pronostique une proche.

Ses amis le sentent : début septembre 2014, à la veille de la candidature de son « Raymond » à la tête de l'UMP, Carla ne saute pas au plafond. Elle sait que les heures heureuses de cette semi-retraite de deux ans et demi sont derrière elle. Tant pis. Pas question de traîner les pieds. Elle aime son homme. « *C'est un mélange d'appréhension maximale, de pragmatisme parce qu'elle l'a dans la peau, et de rage. Ce sont des sentiments mêlés* », résume un ami du couple.

La flingueuse de « Pingouin »

D'ailleurs, les choses sont plus complexes qu'on ne croit dans la tête de Carla. Si l'ex-mannequin rêve de calme, une revanche retentissante ne serait pas pour lui déplaire. Tout comme son époux, elle déteste François Hollande. Et fut l'une des rares personnes à envoyer un message de réconfort à Valérie Trierweiler après sa disgrâce et son départ brutal de l'Élysée à la suite de la *love affair* avec Julie Gayet. Elle a d'ailleurs lu son livre-brûlot *Merci pour ce moment* d'une traite, ricanant à toutes les pages désastreuses consacrées au successeur de son mari. « *Elle éprouve une haine tenace. Elle parle beaucoup de revanche. Plus que son mari*[1] », confirme Nathalie Kosciusko-Morizet à l'un des auteurs.

En 2013, la chanteuse a signé son retour sur la scène musicale. La sortie de son quatrième album, *Little French Songs*, avec la fameuse chanson sur « le Pingouin », est interprétée comme un nouveau pas vers un retour de son époux, doublé d'un règlement de comptes avec le président socialiste. La main sur le cœur, elle jure qu'elle ne se moque pas de lui. Que sa comptine n'a rien à voir avec la passation de

1. Échange avec l'un des auteurs, fin septembre 2014.

pouvoirs que le couple Sarkozy n'a jamais pardonnée. Évidemment, c'est faux. Les paroles parlent d'elles-mêmes : « *Il prend son petit air souverain. Mais j'le connais, moi, l'pingouin. Il n'a pas les manières d'un châtelain. Eh, l'pingouin, si un jour tu recroises mon chemin, je t'apprendrai à faire le baisemain.* »

Vieux renard de la politique, l'ancien Premier ministre Jean-Pierre Raffarin y voit clairement un signal. « *Quand j'ai rencontré Sarkozy en décembre 2012, je ne connaissais pas ses intentions. Mais quand j'ai entendu la chanson de Carla sur "le Pingouin", ça a fait tilt. Je me suis dit, c'est magnifique. Ça le remet dans le jeu. C'était la seule à pouvoir lui interdire de refaire de la politique. Et là, paf, elle le relance*[1]. »

Mieux, les concerts donnés par l'artiste à partir de l'automne 2013 se transforment rapidement en mini-meetings pour son mari. Il profite des projecteurs pour signer des autographes, poser pour des *selfies*, se rappeler au bon souvenir des Français et bavarder avec les élus des villes étapes que traverse le « Carla-tour ». Nicolas Sarkozy se pique au jeu. Les feux de la rampe le grisent. Le *road-show* de son épouse devient un peu sa tournée à lui. Troyes, Bordeaux, Le Touquet, Longjumeau, Monaco, il est de tous les concerts ou presque, en France et à l'étranger.

Quand on évoque le sujet, il feint l'étonnement : « *Ma femme fait des concerts magnifiques. Elle m'a*

1. Conversation avec l'un des auteurs, 20 mars 2013.

accompagné tous les jours pendant cinq ans et vous trouveriez anormal que je la soutienne pendant cinq mois ? » Il est intarissable : « *Les gens m'applaudissent. Ils veulent être pris en photo avec moi, et je vais dire non ? Si cela n'apparaît pas comme un handicap, je ne vais pas refuser, quand même. Je suis la moitié du temps à l'étranger. Quand je suis là, ça se remarque.* » Pas faux.

L'ancien président ne rate jamais une occasion de s'afficher en public avec son épouse, de la valoriser. En janvier 2014, il est fier en découvrant dans *Le Parisien* un sondage BVA sur les Premières dames préférées des Français. Sans surprise, Bernadette Chirac est plébiscitée avec 46 %, suivie par Danielle Mitterrand à 40 %. Juste derrière, avec 28 %, Carla Bruni-Sarkozy devance Cécilia (13 %), Anne-Aymone Giscard d'Estaing (10 %) et Valérie Trierweiler, bonne dernière avec un maigrichon 8 %. « *Carla est troisième, quand même. C'est pas mal, non* [1] *?* » commente-t-il avec un grand sourire. Les petits bonheurs de la vie…

Vers un cinquième disque très politique ?

Au printemps 2014, Carla Bruni-Sarkozy se lance dans l'écriture de son cinquième album. Tranquillement, à son rythme. « *C'est l'artiste la plus lente de la terre*, s'amuse l'une de ses amies. *Elle n'est*

1. Échange avec l'un des auteurs, 30 janvier 2014.

jamais satisfaite de ce qu'elle produit, alors elle recommence encore et encore. Puis il y a l'enregistrement en studio, qui prend un temps fou, le choix des musiciens, les arrangements, la pochette. Et quand tout est fini, elle dit : "Tiens, il ne faudrait pas ajouter une guitare sur ce morceau, ou un violon sur celui-ci ?" Elle nous rend chèvres. Mais c'est une perfectionniste. »

Comme tout artiste, elle ne se sépare jamais d'un carnet, sur lequel elle rédige ses idées quand lui vient l'inspiration. Et dans le courant de l'année 2014, elle n'en a pas manqué, entre la mise en examen pour corruption de son mari, les écoutes judiciaires de ses téléphones portables et le rejet toujours très vif qu'elle ressent face au monde politico-médiatique. Signe qu'elle n'a pas vraiment décroché de l'actualité, certaines de ses nouvelles chansons – quelques refrains provisoirement couchés sur le papier – sont au vitriol. « *À côté, sa chanson sur "le Pingouin", c'est de la roupie de sansonnet !* » se délecte un ami du couple.

À la rentrée de septembre, bon gré mal gré, elle finit par se ranger aux côtés de son époux. Va pour la présidence de l'UMP et une nouvelle aventure politique, même si cela ne l'emballe guère. Un soulagement pour Nicolas Sarkozy, qui a un besoin viscéral des siens quand sonne l'heure de la bataille.

Chapitre XVII

Retour sur scène

« On se voit bientôt, hein ? »

C'est l'effervescence des grands jours ce 9 septembre rue de Miromesnil. Photographes et cameramen planquent en permanence devant la porte cochère du bureau de l'ancien président. Le « Petit Journal » de Canal + tient la chronique quotidienne des visiteurs de celui qui est redevenu l'homme le plus courtisé à droite. Alain Juppé, Laurent Wauquiez, François Baroin, NKM, Nadine Morano et même Jean-François Copé : le gratin de l'UMP défile. Il faut rassembler la famille, faire mine d'oublier les haines recuites du passé.

Nicolas Sarkozy n'a pas encore annoncé officiellement son retour, ce sera le cas dans quelques jours, mais il a clairement fait part de ses intentions à sa garde rapprochée et à quelques amis politiques après son séjour à Bali. Oui, il souhaite bien récupérer la présidence de l'UMP lors du congrès du 29 novembre 2014. Et, dans son esprit, ce n'est qu'une étape obligée. Son véritable objectif, c'est l'Élysée. Il veut réussir là où tout le monde a échoué sous la Ve République, hormis le général de Gaulle, dans des circonstances historiques bien différentes.

Le défi est immense, la route semée d'embûches. Même pas peur ?

Avant de s'exprimer devant les Français, l'ancien président reçoit une dernière fois les auteurs. En cette veillée d'armes, il peaufine son come-back dans le moindre détail, fait monter la pression, prépare la piste d'atterrissage à coups de confidences savamment distillées. Pour éviter de se retrouver nez à nez avec un élu ou des confrères de la presse audiovisuelle postés dans la rue, nous sommes priés d'emprunter un passage plus discret. Un officier de sécurité vient nous accueillir dans la rue de Lisbonne, qui fait l'angle, pour passer par l'entrée du parking. Nous empruntons un escalier en colimaçon qui débouche directement sur la salle à manger, au premier étage.

Michel Gaudin, son directeur de cabinet, est là. Tout comme Véronique Waché, sa plus proche collaboratrice. Costume sombre, chemise blanche, barbe naissante, le futur ex-retraité arrive le dernier. S'excuse pour son léger retard. Les affaires reprennent, son agenda se charge. Finis les rendez-vous interminables sans regarder la montre. Chaque minute compte désormais. Il s'assied, souriant, sûr de lui, un moral de vainqueur. Bien plus déterminé à en découdre que lors de nos précédentes entrevues. Comme si le fait d'avoir pris sa décision l'avait soulagé d'un poids.

Sa meilleure amie ? Valérie…

Merci pour ce moment[1]. Depuis quelques jours, on ne parle que de cela en France comme à l'étranger. Dans le plus grand secret, l'ex-compagne de François Hollande a concocté une bombe nucléaire. Trois cents pages d'une violence inouïe qui dépeignent un président menteur, insensible, macho et en pleine crise de confiance.

Pas la peine de faire un dessin : Nicolas Sarkozy jubile. Tout ce qui peut affaiblir François Hollande est bon à prendre. Cela justifiera d'autant plus facilement son retour. Pas question pour lui, donc, d'accabler Valérie Trierweiler. Même s'il persiste à dire qu'il « *ne l'aime pas, pour tout un tas de raisons* », il lui trouve des circonstances atténuantes. « *Je n'ai pas de jugement,* prétend-il quand on l'interroge. *Elle souffre et elle le dit. La souffrance est par définition digne.* » Sarkozy assure qu'il n'a fait que survoler l'ouvrage sulfureux. Mais reconnaît que Carla l'a dévoré et lui en a lu quelques passages. Suffisamment pour se faire une idée.

Pour lui, le seul responsable de ce fiasco, c'est son successeur et personne d'autre. « *Il la fait venir à l'Élysée, il ne l'épouse pas, il lui envoie dix-neuf textos par jour pour lui dire qu'il l'aime et, pendant ce temps-là, elle s'aperçoit que c'est bidon et qu'il est avec Julie Gayet. Je ne dis pas que c'est bien ni que c'est mal. Mais*

---

1. *Merci pour ce moment*, Valérie Trierweiler, Les Arènes, 2014.

jugez la souffrance, soyez humains. Elle est comme une bête blessée, elle est bouleversée[1]. »

En fin politique, Nicolas Sarkozy se doute que cette histoire n'est pas terminée. Que les confidences vipérines sur son rival distillées par son « ex » indélicate peuvent rythmer la fin du quinquennat. Que le supplice chinois ne fait que débuter pour Hollande. Comme des gouttes d'eau qui rendent fou. « *Je pense qu'on n'en a pas fini avec Valérie Trierweiler… Elle attend de savoir si on la traite de menteuse. Je crains que cela ne soit pas pour répondre, mais pour donner des preuves* », parie-t-il.

La suite va lui donner raison. Au lendemain de notre rencontre, François Hollande réplique à l'ancienne *first lady*. Il a été profondément affecté par la phrase qu'elle lui prête sur les « *sans-dents* », qui menace de ravager son image de président sympa et proche des gens. Il s'indigne qu'on puisse imaginer une seule seconde qu'il méprise les plus modestes. « *Cette attaque, je l'ai vécue comme un coup porté à ma vie tout entière. Dans toutes mes fonctions, dans tous mes mandats, je n'ai pensé qu'à aider, qu'à représenter ceux qui souffrent. Je ne veux pas qu'on puisse dire ou écrire que je me moque de la douleur sociale, car c'est un mensonge qui me blesse*[2]. »

Depuis Madagascar où elle est partie – officiellement – en reportage pour *Paris Match*, Trierweiler

1. Rencontre avec les auteurs et la rédaction en chef du *Parisien-Aujourd'hui en France*, 9 septembre 2014.

2. Entretien au *Nouvel Observateur*, publié le 11 septembre 2014.

riposte, piquée au vif ! Et confie à des amis qu'elle possède des textos prouvant ses dires [1]. Dans la foulée, son éditeur fait savoir qu'il a censuré des passages, les jugeant diffamatoires, concernant Ségolène Royal et François Hollande. Il existerait donc une version plus *hard* du brûlot.

Les sarkozystes s'en frottent les mains d'avance. « *Valérie ? C'est notre meilleure amie !* » se marre un lieutenant de l'ancien président. « *La politique rend fou. Les femmes aussi. Alors les deux…* », blague Brice Hortefeux. Devant les auteurs, Sarkozy remet une pelletée de terre sur son ennemi juré. « *Quand je pense que les journalistes nous expliquaient qu'il est sympathique, drôle, que c'est vraiment un type bien* [2]… », soupire-t-il.

L'alignement des planètes

En cette rentrée cauchemardesque pour le pouvoir, les amis de Nicolas Sarkozy se régalent. Ils ne pouvaient espérer conjoncture plus favorable pour le retour de leur champion. Outre l'affaire Trierweiler, la gauche implose. Le couple exécutif a dû sortir Arnaud Montebourg du gouvernement manu militari pour indiscipline. Manuel Valls se retrouve avec une majorité étriquée à l'Assemblée, en guérilla avec les « frondeurs » socialistes. Et il y a le crash

1. Rapporté par *L'Express*, 11 septembre 2014.
2. Rencontre avec les auteurs et la rédaction en chef du *Parisien-Aujourd'hui en France*, 9 septembre 2014.

Thomas Thévenoud, cet éphémère secrétaire d'État au Commerce extérieur, viré neuf jours seulement après sa nomination pour avoir oublié de payer ses impôts, son loyer, ses contraventions, son kiné pour cause de… *« phobie administrative »*. Un extravagant vaudeville. *« On a échangé Cahuzac contre Thévenoud »*, assène Sarkozy, qui pressent les ravages dans l'opinion.

Au sommet de l'État, songe-t-il, rien ne va plus, rien n'est tenu. La situation économique devient franchement préoccupante, le chômage flambe et les prévisions de croissance sont alarmantes.

Sans surprise, François Hollande plonge dans les sondages à un niveau jamais atteint depuis 1958 : 13 % de confiance dans le baromètre TNS-Sofres du *Figaro Magazine*. *« C'est ce qu'on appelle l'alignement des planètes*, ironise un lieutenant sarkozyste. *Le coup de pouce astral.* » La droite fantasme à voix haute. Faut-il pousser le chef de l'État à dissoudre l'Assemblée nationale ? Peut-il aller au terme de son mandat ? Le calendrier va-t-il s'accélérer brutalement ?

Sur la question, l'ancien président se montre d'une prudence de Sioux. Mais n'en pense pas moins. *« Je ne sais pas ce que je ferais dans sa situation. Je ne crois pas que je m'y serais mis. Mais il y a le mensonge et l'absence de choix. Le mensonge au début, l'absence de choix tout le temps. Est-ce qu'on est libéral ou est-ce qu'on est social ? Est-ce qu'on est à gauche ou est-ce qu'on est au centre ? Il ne choisit rien. Rien* [1]. »

---

1. Rencontre avec les auteurs et la rédaction en chef du *Parisien-Aujourd'hui en France*, 9 septembre 2014.

Pour Sarkozy, tout est possible, des « *violences* », et même… une révolution. « *C'est un pays violent, irascible, capable de grandes choses et en même temps de moins bonnes.* » Dans ce contexte, juge-t-il, dissoudre l'Assemblée serait une folie. Cela signerait l'impuissance absolue de son successeur. « *S'il fait ça, les gens vont descendre dans la rue pour demander son départ. C'est lui-même qui appuie sur le bouton du siège éjectable.* »

Un de ses proches résume sa pensée, en prenant encore moins de gants : « *La logique, c'est qu'il n'y ait pas de cohabitation avec le quinquennat. Si c'est une dissolution pour ou contre Hollande, la logique, ce sera qu'il s'en aille, comme de Gaulle l'a fait en 1969*[1]. *Mais, vous me direz, ce n'est pas De Gaulle…* »

Forcément, Nicolas Sarkozy considère que tout cela fait peser un poids sur ses épaules d'ancien président. « *La situation crée les conditions d'une pression sur moi. Qu'est-ce que je vais dire ? Que ça ne m'intéresse pas ? Que le pays va bien ? Que la droite est en pleine forme ? Qu'elle a un projet, un leader*[2] *?* »

Champion des idées

En proie à l'euphorie, les sarkozystes, pour qui la traversée du désert n'a que trop duré, se laissent un

---

1. En démissionnant après le référendum raté sur la création des régions et la réforme du Sénat.

2. Rencontre avec les auteurs et la rédaction en chef du *Parisien-Aujourd'hui en France*, 9 septembre 2014.

peu aller. « *Si ça continue comme ça, on va revenir au pouvoir !* » claironne l'un. À les entendre, le « *boss* » aurait un boulevard devant lui et plus qu'à pousser les grilles de l'Élysée.

Mais Sarkozy se méfie. Il sent que les Français sont plus difficiles à cerner, que le fossé s'est creusé avec les politiques. « *Il y a toujours une très grande distance des gens vis-à-vis de ce qu'on leur dit* », analyse-t-il. Promis, il ne refera pas le coup du « *j'ai changé* ». Qui le croirait, d'ailleurs ?

Alors que le déjeuner s'achève, il assure qu'il jouera sur un autre registre que la communication, qu'il veut de l'« *authenticité* ». Son espoir : les Français ne l'ont pas toujours aimé, certes, mais ils pensent qu'il a du fond, des idées et un « *leadership* ». C'est sur ce terrain-là qu'il espère les convaincre, assure-t-il en nous fixant droit dans les yeux. « *Je veux apporter des concepts nouveaux. Je ne me reconnais dans aucun des débats actuels. Vous pouvez tous les prendre. L'Europe fédérale ou confédérale ? Ça n'existe pas. Les institutions présidentielles ou parlementaires ? Ça n'existe pas. L'économie sociale ou libérale ? Ça n'existe pas*[1]. » Les clivages traditionnels, gauche ou droite, n'ont plus aucun sens à ses yeux.

Plus que quelques jours avant qu'il ne mette un point final à sa vraie-fausse retraite et retourne sur la scène. Il rêve d'un tourbillon politico-médiatique, écrasant tout sur son passage. Ce 9 septembre, il a

1. Rencontre avec les auteurs et la rédaction en chef du *Parisien-Aujourd'hui en France*, 9 septembre 2014.

déjà en tête ce qu'il va dire, ce qu'il va faire, quelle équipe il veut composer à la tête de l'UMP. Espiègle, il note qu'il est très attendu : par le FN qui va lui cogner dessus, par la gauche qui va tenter de refaire son unité sur son dos, par les médias qui l'ont toujours considéré comme un « bon client ».

Avant de nous quitter pour retrouver Carla, qui l'attend dans l'antichambre, Nicolas Sarkozy nous serre la main et nous donne rendez-vous pour la suite : « *On se voit bientôt, hein ?* »

Épilogue

19 septembre 2014, 16 h 15 : Nicolas Sarkozy clique sur l'onglet « Publier » de son profil Facebook : « *Je suis candidat à la présidence de ma famille politique.* » Et, ça va de soi, candidat à la présidence de la République. Cette tribune au style un peu gauche et maladroit, c'est lui qui l'a écrite en secret durant l'été, en écoutant les conseils de son nouveau stratège, Pierre Giacometti. Ça y est, c'est fait. Il est revenu. Il est soulagé. Mais était-il vraiment parti ? Au fond, il n'a jamais décroché, quatre-vingt-treize jours tout au plus. Le virus de la politique est en lui. C'est sa passion, sa vie, le reste l'ennuie.

De la passation de pouvoirs si pluvieuse du 15 mai 2012 à cette journée d'été indien de la rentrée 2014, sa retraite n'a duré que huit cent cinquante-sept jours exactement. Depuis son nouveau QG du 13, rue du Docteur-Lancereaux (Paris VIIIe), à cinq minutes de son bureau, une petite armée de bénévoles prépare activement sa résurrection. Grand fan de séries télévisées, il rêve de signer le plus formidable come-back de l'histoire politique.

Car « Sarko » ne fait jamais les choses à moitié. Son retour, pendant ces longs mois de retraite forcée, il l'a peaufiné. Un signe ? Pour diriger sa campagne pour l'UMP, il a choisi son ami Frédéric Péchenard… qui a l'immense qualité d'avoir été le grand patron de la police nationale. Révélateur de son état d'esprit ? Nicolas Sarkozy sait qu'il n'en a pas fini avec la justice, qui pourrait entraver sa nouvelle conquête de l'Élysée. L'un de ses conseillers le décrit très offensif face aux magistrats : « *Le sanglier, il vaut mieux lui mettre une balle entre les deux yeux que l'érafler. Avec les juges, ça va être la lutte à mort !* »

Et maintenant ? En bon adepte du footing, le « candidat Sarkozy » sait qu'il vient d'entamer un marathon de trente-deux mois, neuf cent soixante et un jours précisément, avant son but ultime, le sommet de l'État. Il est convaincu que François Hollande, si impopulaire soit-il, sera candidat coûte que coûte à sa réélection. Il a lu comme tout le monde cette confidence que rapporte Valérie Trierweiler dans son livre : « *Si je suis en état de faiblesse, je n'irai pas.* » Il n'en a pas cru un mot. « *Mensonge*[1] *!* » lâche-t-il, l'air agacé, lors de notre dernière rencontre.

À moins que… L'ancien président se garde d'en parler ouvertement pour ne pas être accusé de jouer les « *factieux* » ou de fomenter un « *coup d'État* » mais, au fond de lui, il n'est pas sûr que son successeur ira au bout de son quinquennat. « *Je pense qu'on n'est pas au sommet de la crise* », confie-t-il. Il fait le

1. Rencontre avec les auteurs, 9 septembre 2014.

pari du chaos, celui d'une rébellion populaire ou d'une dissolution de l'Assemblée qui tournerait à la catastrophe pour le PS avec « *vingt députés* ». Lui, chef de l'opposition, il refuserait alors d'aller à Matignon. Lui, chef de l'opposition, il réclamerait une élection présidentielle anticipée. « *Hollande finira avec du goudron et des plumes* », assène-t-il.

Plus que les juges, plus que la soif de revanche, c'est cette conviction que la France peut se soulever qui l'a persuadé qu'il fallait accélérer son retour, pour être en situation d'être le recours.

En attendant le grand rendez-vous dans les urnes avec les Français, il compte se donner à fond. « *À 2 000 % !* » Au risque de réveiller l'antisarkozysme toujours très vif dans la population. Lui se sait plébiscité par les sympathisants de l'UMP. Pour le congrès du parti fin novembre 2014, il vise un score canon, « *80 % au minimum* ». Et n'hésite pas à tordre le bras des soutiens de ses deux adversaires déclarés, Bruno Le Maire et Hervé Mariton. Sur le mode : « *T'as compris, maintenant, le boss est de retour !* »

Déjà, à droite, certains se demandent s'il a vraiment évolué, s'il s'est réellement assagi, apaisé, ou s'il ne revient pas plus en colère encore contre la terre entière. Lui promet des surprises. « *Vous croyez que tout ce que j'ai vécu n'a pas changé les choses en moi ? Que je suis exactement le même que celui que j'étais il y a vingt-cinq ans*[1] *?* » interroge-t-il.

1. Rencontre avec les auteurs, 9 septembre 2014.

Au fil des confidences qu'il nous a livrées, c'est un homme réellement inquiet pour son pays qui nous est apparu. Mais déterminé, aussi, à en découdre avec tous ceux qui, pense-t-il, ont tenté d'entraver son retour. Qu'il s'agisse des juges, des médias ou de son rival socialiste, dont il reste intimement persuadé, malgré les dénégations répétées de celui-ci, qu'il tire les ficelles de la justice. Il est conscient que son come-back ne constitue pas une surprise pour les Français, qu'il va devoir se renouveler, se réinventer. Une gageure.

Ce *showman* invétéré, champion toutes catégories du *storytelling* et de la saturation médiatique, promet comme toujours de nous tenir en haleine dans ce long feuilleton qui démarre. « *Les choses ne se passeront absolument pas comme elles sont parfois décrites. J'ai toujours détesté reprendre les mêmes chemins. J'ai toujours fait les choses différemment. J'ai toujours essayé de réinventer quelque chose*[1] », esquisse-t-il. L'un de ses proches imagine déjà ces longs mois de face-à-face un peu baroque avec François Hollande, comme une campagne qui n'en finit pas, au risque de lasser l'électeur : « *Ça va être étrange, on va avoir deux présidents...* »

1. Rencontre avec les auteurs, 9 septembre 2014.

Remerciements

Qu'ils soient anciens ministres, députés, conseillers ou hommes de l'ombre, à visage découvert ou sous la protection de l'anonymat, ils ont accepté de nous raconter les coulisses de la retraite très active de Nicolas Sarkozy. Qu'ils en soient chaleureusement remerciés.

Merci aussi à la direction du *Parisien-Aujourd'hui en France* pour son inestimable confiance. Une pensée particulière pour Laure, Ava, Sandrine, Philippe, Renaud, Henri, Stéphane et Lucien pour leur patience et leur bienveillance de tous les instants.

Et merci aussi à lui, bien sûr, pour ces moments.

Table

Cet ouvrage a été imprimé
en novembre 2014 par

FIRMIN-DIDOT

27650 Mesnil-sur-l'Estrée
N° d'édition : L.01ELKN000492.A003
N° d'impression : 125334
Dépôt légal : novembre 2014

Imprimé en France

Mise en page par Meta-systems
59100 Roubaix